불교와 나의 삶 - 두번째 이야기

불교와 나의 삶

【두 번째 이야기】

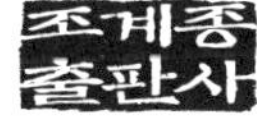

조계종출판사

여성 불자의 삶 이야기

불교여성개발원에서 선정한 제2차 여성 불자 108인이 불교와 삶에 관한 솔직한 이야기를 풀어 놓았습니다. 21세기 문화의 시대를 이끌어갈 여성으로서, 우리나라의 정신문화의 바탕이자 세계 문명의 새로운 대안으로서 불교를 신앙하는 여성, 그들이 바로 이 땅의 여성 불자입니다.

부처님의 가르침을 현실 속에서 실천하고자 노력하며 누구보다 열심히 살아온 사람들의 이야기, 내세우려고 한 것도 아니고 누가 하라고 해서 한 일도 아니기에 더욱 빛이 납니다.

현재 한국 불교계에는 스님과 신도 간의 상하 위계질서가 존재하고, 남성과 여성 간에도 차별이 존재합니다. 이러한 이중의 차별로 인해 여성 불자들은 알게 모르게 푸대접을 받아 온 것이 사실입니다. 사회적으로도 여성 불자들의 조직적인 활동력이 부족하여 사회적 영향력이 미약합니다.

그러나 우리가 여성 불자 108인 선정 작업을 하면서 알게 된 것은 각 분야에서 뛰어난 능력과 투철한 신심으로 부처님의 가르침을 현실 속에서 실천하는 여성 불자들이 많이 있다는 사실입니다. 다만 그들의 활동이 겉으로 드러나지 않고 조직화되지 않아서 눈에 띄지 않을 뿐이었습니다.

그래서 교단 내에서나 사회적으로 자신을 드러내지 않고 묵묵히 최선을 다하는 여성 불자 108인을 선정하고 그들의 솔직한 '불교와 나의 삶'의 이야기를 풀어 놓음으로써, 우선 여성 불자 스스로 서로를 알게 할 필요성을 느낍니다. 그리고 누구보다 열심히 이 시대를 살아가는 여성 불자들에 대한 삶의 기록이자 역사로 남기고자 합니다. 더불어 여성 불자들이 가감 없는 자신의 이야기를 통해 서로에 대한 이해와 공감대를 넓히고 교류와 협력의 기초를 다지는 계기가 되기를 바랍니다.

이 책 속에서 제2차 여성 불자 108인은 모든 이들이 부처님의 가르침을 통해 가정과 일과 신앙 속에서 다른 사람들과 더불어 행복하기를 바라는 마음으로 자신의 이야기를 소개하고 있습니다. 따라서 이 책이 많은 사람들에게 힘과 용기와 위로가 되어 자기 인생의 주인공으로 당당하게 살아가는 데 힘이 될 것으로 기대합니다.

바쁘신 가운데 원고를 써주신 모든 분들께 감사드리며, 원고를 취합해주신 불교여성개발원 사무국과 노희순님, 그리고 조계종출판사 여러분께 감사드립니다.

불교여성개발원 원장

김인숙 합장

여성들의 놀라운 네트워크의 힘

불교여성개발원에서 불교 여성 지도자를 발굴하고 네트워크를 구축하기 위해 격년제로 실시하는 여성 불자 108인 선정이 두 차례에 걸쳐 진행되었고, 더불어 제1차 여성 불자 108인의 《불교와 나의 삶》에 이어 《불교와 나의 삶-두 번째 이야기》가 만들어진 것을 진심으로 기쁘게 생각합니다.

여성 불자 108인들의 《불교와 나의 삶-두 번째 이야기》를 읽으면서 놀라운 사실 하나를 발견하였습니다. 그것은 바로 여성들의 놀라운 네트워크의 힘입니다. 어머니에서 어머니로, 시어머니에서 며느리로 이어지는 여성불교의 전승 경로를 보면서 흔히 스님들에게서 보이는 사자상승師資相承과 같은 여성불교 특유의 전달 메커니즘을 알게 되었습니다.

스님들 사이의 사자상승은 흔히 드러나는 전승 경로인 반면 여성들 간의 네트워크는 드러나지는 않지만 보이지 않는 힘으로 강력하게 존재하고 있음을 새롭게 발견한 것입니다. 그리고 한국불교가 수천 년 동안 이어지고 오늘날 이렇게 계승 발전될 수 있기까지, 여성들의 드러나지 않는 네트워크가 그 저변에 자리하고 있었다는 사실을 다시 한 번 절감하는 순간이었습니다. 그리고 이러한 놀라운 발견을 가능하게 해준 불교여성개발원에 감사드리며 삼보에 대한 깊은 신심으로 가정과 사회와 교단의 발전을 위해 묵묵히 노력하신 모든 여성 불자들에게 깊은 존경의 박수를 보냅니다.

그동안 묻혀 있던 여성 불자들의 개인적인 경험을 모아 글로 엮어내니 깊은 감동이 되고, 또 하나의 역사가 됨을 느낍니다. 자칫 소홀하기 쉬운 재가의 여성 불자에 관한 기록을 남기고, 여성불교에 대한 이해를 새롭게 해주는 소중한 책이 발간됨을 기쁘게 생각합니다.

전문적으로 글을 쓰시는 분들도 아니고, 연일 계속되는 바쁜 일상 속에서 새삼 자신의 불교와 삶의 이야기를 끄집어내고 그것을 다시 짧은 글로 정리하기가 쉬운 일은 아니었으리라 생각합니다. 모두가 불교에 대한 애정이 없었으면 어려웠으리라 생각하며 깊이 감사하는 마음을 갖게 됩니다.

바쁘신 가운데 직접 원고를 써주신 여성 불자 108인 여러분과 기획과 실무를 챙겨주신 불교여성개발원, 그리고 좋은 책을 만들어주신 조계종출판사 여러분의 노고에 감사드립니다.

이 책의 발간을 계기로 여성 불자들이 더욱 당당해지고 서로를 격려하며 힘찬 연대의 손을 맞잡고 상구보리 하화중생의 보살도를 실천하는 데 함께 나아가기를 기대합니다.

대한불교조계종 포교원장, 불교여성개발원 이사장

혜 총

자기의 행복을 추구하면서
행복을 추구하는 다른 사람에게
피해를 주지 않는다면
그는 다음 생에 반드시 행복을 찾으리.

−법구경

나 자신과 어깨동무하고

- 김남선 | 구암중학교 교사

오랜 세월 나 스스로 교도관이 되어 나를 가두고 살았다.

나의 교도관은 당위였고 도덕이라는 이름과 종교적 이데올로기 등의 제상諸想이었다. 부모에게 효도하고, 착한 사람이 되어야 하고, 민주투사가 되어야 하고, 헌신적인 사람이어야 하고, 착한 며느리여야 하고, 현명한 어머니여야 하고, 또 선하고 올바르고 완벽한 삶을 살아야 하고……. 수많은 잣대들을 들이대며 나 자신을 재단하고 비판하고 비평하고 비하하였다.

나 자신의 기대 수준에 미치지 못할 때는 죄의식을 느끼고, 스스로에 대해서 분노하고, 또한 자학하였다. 그것을 나만으로 끝내지 않고, 나를 재는 자로써 다른 사람도 재면서 분노를 드러내며 살았다. 사회가 못마땅하니 사회를 개혁하려고 나섰고, 교육이 못마땅하니 교육 풍토를 고치려고 들었다. 모든 것이 걸리니 답답하고 부자유스러웠다. 불만투성이 삶은 마땅히 고통이었다. 경계와 계속되는 부딪침 속에서 갖게 된 간절한 소망이 무슨 일을 하든지 자연스럽게 선으로 귀결되는 삶, 대자유인의 삶을 성취하는 것이었다.

조국과 민족과 다른 사람들을 위한 삶 위에 나를 위한 어떤 편안한 삶도 정신적인 유희도 허락하지 않았다. 올라오는 모든 욕망을 억압하고 참았기 때문에 이 모든 것이 흐르지 못하고 마음속에 저장되어 업장이 되어버렸다.

불교를 만나면서 비로소 나를 용서하기 시작했다. 육근六根이 육경六境을 만나, 보고 듣고 맛보고 만지고 접촉하면서, 여러 가지 느낌과 아울러 집착과 배척의 마음이 일어나고, 좋아하는 것은 갖고자 욕망을 일으키고, 싫어하는 것은 밀어내며 마음대로 안 되면 화내고 더욱 갈망하는 법이다. 그런데 이런 갈망과 집착을 용납하지 않은 것이 나의 괴로움苦의 원인임을 알았다.

◆ 김남선(법명 자운)
1951년 출생 | 재적사찰 : 천축사 | 성균관대 사학과 졸업, 단국대 대학원 국사과 석사 | 현 구암중학교 역사과 교사, 참교육상담소 소장, 불교여성개발원 감사

　　그냥 있는 그대로 보면 되는 것을, 내가 아니고 단지 대상임을 알면 되는 것을, 그것을 내 인격으로 생각해서 스스로에게 화내며 죄의식을 가졌던 것이다. 아직도 보는 힘이 약해서 오랜 습이 가끔 난동을 부리기도 하지만, 붙잡고 꼴값을 떠는 시간이 많이 단축되어 한층 자유스러워졌다. 있는 그대로를 보고 받아들이고 이해하는 힘이 조금씩 늘어남에 따라 스스로 용서하고 남을 이해하는 힘도 늘어나는 것만 같다. 그만큼 마음에 여유가 생기고 자유로워진 것이다.

　　지켜보는 힘, 알아차리는 기능, 그것이 지혜고 스승이고 모든 것을 명확하게 알게 하는 거울임을 깨달으면서 부처님의 명호를 이해하기 시작했다.

　　아! 우리도 조어장부調御丈夫가 될 수 있고, 명행족明行足이 될 수 있고, 정변지正遍知, 정등각正等覺에 오를 수 있고, 천인사天人師가 될 수 있고, 부처가 될 수 있구나. 그런 가능성이 보이면서 그렇게 못나게만 보이던 나 자신의 존재가 존엄한 여래장임을 알게 된 것도 자기 학대에서 벗어나는 힘이 되어주었다. 찰나찰나 깨어나 몸과 마음을 지켜보는 힘이 커지면 커질수록 바라는 것이 없는 수용의 바다에 들리라는 믿음이 수행의 끈을 놓치지 않게 한다.

　　동무 동무 씨동무 보리가 나도록 씨동무! 언제든지 같이 가고 언제든지 같이 놀고

　　동무 동무 씨동무 해도 달도 따라오고 너도 나도 따라 놀고

　　나는 나의 동무, 내 안의 여래장, 보리가 언제든지 같이 가고 같이 노는 동

무가 될 때 해와 달이란 지혜가 자연히 밝아지고, 중생과 더불어 노니는 기쁨의 삶, 자유인의 삶이 전개됨을 믿으며, 오늘도 나 자신과 어깨동무하며 생활전선으로 놀러 나간다.

아름다운 봄꿈에 젖어

– 임완숙 | 이화여자고등학교 교사

만약 그때 내가 부처님 법을 만나지 못했더라면, 삼십 대의 혼곤한, 그 격랑의 삶의 소용돌이를 어떻게 탈 없이 건널 수 있었을까……. 돌이켜 생각하면 아찔한 일이 아닐 수 없다.

오만과 편견, 독선과 아집으로 똘똘 뭉친 채 숨도 쉴 수 없을 만큼 감당하기 어려운 현실 문제들과 하늘 높은 줄 모르고 치솟아 오르며 들끓는 내면의 눈먼 욕망, 서툰 인간관계에서 벌어지는 갈등이 나를 쥐고 흔들던 시기였다.

그 혼돈의 늪에서 홀연히 찬란한 신기루처럼 맞닥뜨린 부처님 말씀은 나를 이끄는 밝은 등불이 되었다. 비로소 내 눈에선 안개가 걷히고 숲 사이로 난 편안하고 정다운 길이 보이기 시작했다.

'모든 것은 변한다. 부지런히 힘써 닦으라. 모든 중생에게는 다 불성(佛性)이

있나니…….'

우레처럼 나를 흔든 이 놀라운 말씀은 내 인생의 축을 바꾸어 놓은 나침반이었다. 아직까지 내 삶에 이보다 더 큰 용기와 희망을 주며 사랑을 일깨운 가르침을 나는 알지 못한다.

'모든 것이 변한다'는 것은 어떤 일이나 사람에게서 집착을 떨쳐낼 수 있게 하며, 늘 한 자리에 머물기보다 끊임없이 노력하게 만든다. 매 순간순간을 긍정적으로 받아들이게 하며 만사를 너그럽게 포용하고 용서하게 한다. 그리고 겸손함과 감사함을 알게 한다. 끊임없이 자신을 성찰하게 만들며, 미래에 대한 확신과 현재 이 순간 주어진 자리에서 당당한 주인이 되어 책임 있는 행동을 하고자 노력하게 만든다. 자연히 인간관계는 원만해지고 만사萬事가 형통亨通된다. 그러니 이 충만한 행복감을 어찌 말로 다 표현하랴. 늘 기쁨이 가득한 가운데 나를 살아가게 하고 있으니…….

가족에 대한 참된 애정을 알게 되니 집 안

◆ 임완숙(법명 법륜행)
1946년 출생 | 재적사찰 : 조계사 | 현재 한국문인협회 회원, 전국교사불자연합회 명예회장, 참여불교 재가연대 상임지도위원, 불교환경연대 고문, 불교포럼 공동대표, 중앙신도회 지도위원, 서울가정법원 가사조정위원, 동물을 사랑하는 시민연대 KARA 운영위원, 이화여자고등학교 교사

에 들면 웃음과 감사함이 절로 솟고, 밖에 나와 만나는 사람 사람마다 그 아름다움에 눈이 부실 때가 많다. 또 교실에서 만나는 학생들이 그렇게 예쁘고 사랑스러울 수 없다. "당신은 부처님이 될 분이니 예배합니다" 했다던 《법화경》의 상불경보살常不輕菩薩의 마음을 참으로 이해할 수 있을 것만 같은 나날이었다. 그런 마음으로 살다 보니 다가오는 모든 인연 경계因緣境界가 다 부처님 일 아닌 것이 없었다. 그러니 나에게는 날마다 좋은 날이요, 이르는 곳마다 향기로운 법당 안에서 살아가고 있는 셈이다. 이 얼마나 놀라운 일인가.

나는 이 충실한 삶의 환희를 내 이웃들과 하나라도 더 나누고 싶고, 부처님의 자비광명이 온 누리에 가득 찰 수 있게 내 작은 힘이라도 열심히 보태고 싶다. 그것이 부처님 크신 은혜에 겨자씨만큼이라도 보답하는 길이리라. 그래서 마침내 이 땅에, 불법佛法이 화창하게 피어나는 그 날의 아름다운 봄꿈에 젖어 오늘도 나는 가벼운 걸음으로 교실로 향한다. 미래의 부처님들을 예경禮敬하려고……. 아아, 부처님! 고맙습니다!!!

시작도 모르는 인연의 길

– 한재숙 | 위덕대학교 총장

나는 어떤 선택이나 결정 없이 어린 시절부터 생활을 가득 채운 불교와의 인연을 참 자연스럽게 고민 없이 키우며 가져왔다.

초등학교에도 들어가기 전, 초롱을 손에 들고 눈이 펑펑 내리는 캄캄한 밤길을 두 살 위의 오빠를 따라 심인당으로 나섰던 새벽 불공과 정송매일 시간을 정해 놓고 하는 염송의 인연은 지금까지도 서원誓願이 있거나 마음속에 번뇌가 들면 때를 가리지 않고 희사와 삼밀三密, 밀교의 중요 수행방법로써 정진하는 생활로 이어지고 있다.

◆ 한재숙(법명 가혜심)

1947년 출생 | 재적사찰 : 대한불교진각종 의밀심인당 | 영남대학교 가정학과 졸업, 일본 오사카시립대학 대학원 가정학 석사, 한양대학교 대학원 식품영양학 박사 | 영남대학교 생활과학대학 교수 역임 | 현재 위덕대학교 총장, 학교법인 회당학원 이사, 영남대학교 총동창회 부회장, 경북여성정책개발원 이사, 대구경북지역대학교육협회장

지금 생각해 보면 그다지 큰 서원도 아닌데, 고등학생 때부터는 칠정진도 자주 했던 것으로 기억한다. 새삼스럽게 고행을 두려워하는 오늘날의 나의 수행방법이 부끄럽다는 생각이 든다. 고등부 학생회와 대학생회·청년회 활동, 그리고 그 인연으로 맺어진 부부 인연-남편경북대 의과대학 알레르기내과 김능수 교수과 이때 만났다-은 부처님께서 하사하신 소중한 선물이다.

창종 초기 진각종 포교에 헌신하셨던 시부모님혜공 대종사, 자회심 전수의 복福지으심 덕택으로 오늘날 내가 종립대학교 총장으로서 교육 불사를 수행하게 된 것으로 안다. 시부모님께서 내게 바라시는 것을 헤아리면서 학교를 경영하고 있다고 해도 과언이 아니다. 그리하여 매일을 새로운 날처럼, 진각종과 종립대학교의 발전을 생각하는 남다른 소명의식을 갖게 된 것 같다.

진각종은 조계 종풍이 강한 우리나라 불교 전통과는 수행과 의례 형식이 달라서 창종 초기에는 유난히도 이상한 눈으로 종단을 바라보는 일반인이 적지 않았다. 하지만 우리 가족에게는 평소 성품이 온화하고 순수하신 어머님의 진각종에 몰입하시는 모습 그대로가 거룩하게 비쳐져, 어머님의 삶의 철학에 자연히 동화된 것이 오늘날의 진언행자가 된 확실한 계기이기도 하다.

생활 속의 참회와 실천 그리고 자기 정진을 중시하는 진각종 수행은 스스로 정한 계戒에 따라 정송 정진과 정시定施, 매일 액수를 정해 놓고 하는 보시를 시작으로 하루를 맞는다. 생활 가운데서 일어나는 여러 당체 법문을 통해 자성참회를 하고, 또 차별 희사와 정진으로 자기 수행정진의 기회를 갖는다. 매주 자성일엔 대중이 동참하는 불사에 참여해서 서원과 정진의 공덕을 키워 간다. 그리고 매달 첫 한 주간을 월초 불공으로 정하여 정진하고, 새해가 시작되면 모든 진각종 신교도는 한 주간의 새해 정진불공과 49일 불공을 기본 수행으로 한다.

현실에서 그리고 매 순간 닥쳐오는 생활의 다양한 어려움 속에서 스스로 되돌아보고, 또 부처님 법음法音에 더욱 귀 기울이려는 수행법은 그 어떤 수행법보다 급변하고 각박해진 오늘날의 생활인에게 대단히 적절하다고 나는 생각한다. 선친의 열반을 계기로 49일 불공을 올리며, 고인의 왕생극락을 서원하는 정진과 함께 우리 가족은 더욱 돈독한 진언행자가 되었다. 참으로 자기 성찰을 할 수 있게 대한불교 진각종과의 인연을 열어주신 부모님과 부처님께 감사드릴 뿐이다.

시작을 모르는 인연으로 시작된 나와 불교의 인연은 세월이 지나 나의 모든 생활 속의 생각과 행동에 온전히 녹아 있고, 또한 그 모습이 가장 편안하고 자연스럽다. 올 한 해에도 내가 어떤 어려움이나 문제를 만날지라도 그 해결점을 나에게서부터 찾고, 또 참회를 새해 불공의 서원 덕목으로 정하여 실천하고자 노력하고 싶다. 내 불교는 어떠한 환경에도 전혀 어색하지 않은 자연스럽고도 자랑스러운 생활불교로서, 지금도 모든 가족이 잘 따라오고 있지만 앞으로 늘어나는 새로운 가족 모두가 장원토록 심원에 성취되어 가정의 중심축으로 자리매김하기를 조용히 서원하고 있다.

진리로 이끌어준 수많은 인연들

- 김외숙 | 한국방송통신대학교 가정학과 교수

만약 내가 초등학교 5학년 때 조그만 시골 마을에서 부산으로 이사하지 않았다면 내 삶이, 또한 내 종교가 현재 어떠한 모습일까?

이사 전까지 나는 열심히 교회를 다녔다. 그런데 대도시 부산의 교회는 시골 교회와 여러 가지 면에서 달랐고, 많은 교인들 틈에서 나는 어색하기만 했다. 그렇게 내 종교생활의 방황이 시작되었고, 그 방황은 고등학생 때 기독교와 인연을 끊는 것으로 일단락이 났다.

중·고등학생 시절, 책 읽기를 무척 즐겼던 나는 방과 후면 도서관에서 지내는 시간이 많았다. 교회에 나가는 대신 이런저런 종교 관련 서적들을 읽곤 했다. 당시 모 신학 교수의 팬이었던 나는, 어느 날 기독교의 믿음은 하나님의 은혜라는 그분의 강연을 듣고는 오히려 하나님과 이별하기로 결심했다.

종교에 관심이 많던 대학 2학년 어느 봄
날, 친구와 함께 불교학생회 수련회에 동참하
였다. 광릉내의 봉선사 수련대회! 소풍이나 여
행 도중에 들른 것이 아니라 불교 공부를 위해
절을 방문하기는 처음이었다. 동행한 불교학생
회 회원들의 분위기는 진지하면서도 유머가 있
었고, 처음으로 듣는 운허 노스님의 법문도 내
게는 새로운 세상을 알려주었다.

뒤이은 서울 봉은사 수련대회에서 만난 법
정 스님의 법문은 불교를 내 종교로 받아들이
게 한 직접적인 계기가 되었다. 당시 봉은사 다
래헌에 계시던 법정 스님의 법문은 마치 그 많
은 청중들 가운데 나를 꼭 집어서 해주시는 내
용 같았다.

"이 자리에 어쩌다 앉아 있게 된 것 같지만
수많은 인연이 모여 필연이 되어 이 법문을 듣
는 것이다"라는 논지로 시작된 스님의 인연법
법문에 어쩌다 그 자리에 와 있게 된 것 같았던
마음이 사라지면서, 불교와 강한 인연을 느끼

◆ 김외숙(법명 반야행)
1953년 출생 | 재적사찰 : 불광
사 | 서울대학교 대학원 소비자
아동학과 박사 | (사)한국가정
관리학회 회장 역임 | 현재 한
국방송통신대학교 가정학과 교
수, (사)지혜로운 여성 이사,
(사)가정생활개선진흥회 상임이
사, 종로구 건강가정지원센터
공동센터장

게 되었다.

그 수련회를 계기로 본격적으로 불교 공부를 하면서 불교학생회 활동도 열심히 했다. 불교학생회 활동을 통해 귀한 길벗들을 많이 만났고, 지금도 그들과의 인연에 감사하고 있다. 불법을 구하는 순수함과 열정을 공유한 경험이 있기에 언제 어디서 만나도 반가운 이들이다.

불교학생회 활동 중에서도 방학 때 월정사, 송광사, 범어사 등에서 열린 수련대회는 특별히 귀한 경험이었다. 월정사 앞마당에서 밤늦도록 친구와 함께 선배에게 오분향례를 배우며 익히던 일, 송광사에서 들은 구산 스님과 법정 스님의 법문, 수련회를 마치고 화엄사, 쌍계사, 도솔사 등을 거쳐 부산까지 이른 한겨울의 사찰순례 여행, 범어사 철야기도 후의 등산 등, 지금도 어제 일처럼 생각나고 다시 한 번 되풀이하고 싶은 일들이다. 스님들을 모시고 가진 법회, 길벗들과 함께 한 불경 공부, 참선과 기도 등 불교 공부는 대학생활에서 가장 큰 비중을 두었던 과외활동으로 나의 삶을 풍요롭게 했다.

열심히 불교 공부를 하면서 조급한 마음이 들었던 시절도 있었다. 가장 중요한 일을 하지 못하고 허송세월하는 것이 아닌가 하는 불안감도 있었다. 그럴 즈음 방학 때 부산에서 백봉 김기추 선생님의 《유마경》 강의를 들을 수 있었다. 이 강의는 주로 출가자인 스님들을 통해 불교 공부를 하던 내게 재가불자의 새로운 시각을 갖게 해주었다. 그리하여 목표를 세우고 그 방향으로 나아가다 보면 몇 생을 거치더라도 궁극적으로 해탈할 수 있으리라는 믿음이 생겼던 그때부터 일상생활 자체를 중요한 수행의 일과로 받아들이고, 안정된 마음으로 불교를 공부할 수 있게 되었다.

광덕 스님과의 인연 또한 내 삶에서 특별한 의미가 있다. 스님은 대학시절부터 내게 가르침을 주셨고, 학생회 활동을 하다가 만나 부부의 연을 맺은 현진 거사와의 결혼식 주례도 맡아주셨다. 혼례식 때 다섯 송이와 두 송이로 된 꽃다발들을 부처님께 공양하는 의식을 집행하시면서 부부 인연의 소중함을 강조하신 기억이 생생하다.

결혼 뒤에는 함께 살게 된 불심 깊은 시어머님을 비롯해서 온 가족이 광덕 스님께서 주관하시던 대각사 법회에 참석했다. 스님께서 창건하신 잠실 불광사는 오늘날까지 우리 가족의 재적사찰이 되었다. 불광사 신도들이 일반적으로 그러하듯, 나 역시 항상 '마하반야 바라밀'을 염한다.

나는 어떤 종교를 믿느냐보다는 어떻게 믿느냐가 중요하다고 생각하는 사람이다. 그럼에도 불구하고 나 스스로 불교를 믿게 된 인연에 크게 감사한다. 그 이유는 부처님이라는 인류의 대지혜를 만나면서 진리에 좀 더 가까이 갈 수 있었다고 믿기 때문이다. 견성하지 못했다 하더라도 가정생활이나 직장생활을 그런대로 편한 마음으로 할 수 있는 것도 무아無我의 불법을 믿기에 가능하지 않았을까 생각한다. 이 세상의 모든 생명체가 불성佛性을 가진 존재며, 이 모든 것이 상호의존하여 인드라망을 만들고 있다는 것을 가르쳐주신 부처님께 어떻게 감사하지 않을 수 있겠는가.

나는 '상구보리 하화중생上求菩提 下化衆生'을 삶의 지표로 삼고 있다. 한편으로 지혜를 구하며 다른 한편으로 중생을 구제한다는 이 글귀는, 신앙생활에 국한하지 않고 나의 직업생활에서도 마찬가지로 중요하다. 스스로 열심히 연구하는 한편, 학생에 대한 교육과 사회적 봉사가 함께 이루어져야 함을 깨우쳐주기 때문이다. 구산 스님께 받은 반야행般若行이란 불명佛名 역시 같은 의미로 받아들이고 있다.

나는 가정관리학 전공자로서 30년 가까이 이 분야를 연구하며 가르쳐 왔다. 불교와 가정관리를 접목해서 나름대로의 논리를 체계적으로 구성해 보려고 계획만 하고 있을 뿐, 아직 구체적인 결과물을 내놓지 못하고 있다. 시간이 필요하겠지만 이번 생에 일단락을 지어 놓고 가야 할 숙제라고 생각한다. 이 숙제는 나 개인의 종교적 신행과 함께 학술적 연마가 갖추어질 때 가능하리라.

학생들에게 '가장 중요한 일을 가장 먼저 하라'고 가르치면서도 스스로는 실행하지 못하는 경우가 많은 나를 되돌아본다. 신행생활에 큰 힘이 되어주는 남편을 비롯한 많은 인연들께 감사하며, 우리 사회가 불국토가 될 수 있도록 힘을 모으리라 다짐한다.

'오늘' 한 페이지 열어 보면

– 박혜인 | 계명대학교 사회복지학과 교수

대구–서울–대구를 오르내리는 생활. 대구 집은 도시가스가 들어오지 않아 그야말로 '늦은 촌(晩村)' 이란 동네 이름처럼 구식생활이다. 온 식구가 같이 살던 묵은 집이어서 그대로 괜찮다. 봄이면 나무가 옷 갈아입고 꽃 피어 더욱 좋다. 지난해에는 돌(石) 일을 했고, 올해는 페인트칠을 하는 등, 손봐야 하는 부담은 있지만….

가족이 모두 함께 지내다가 서울 전근과 미국에서의 안식년, 그리고 분가 아닌 분가살이를 시작했다. 함께 사는 생활이 겨우 자리잡

◆ **박혜인(법명 삼매화)**

1952년 출생 | 재적사찰 : 동화사 비로암, 봉은사 | 서울대학교 가정관리학과 졸업, 고려대학교 대학원 가정학과 석사·박사 | 대한가정학회 평이사 여성학회 이사, 가족학회 편집위원, 대구여성회 자문, 대구 여성의 전화 감사, 함께하는 주부모임 자문, 경상북도 여성정책개발원 자문 역임 | 현재 계명대학교 교수, 한국가족상담교육연구소·한국가정생활개선회·대구경북여성교육원 이사

아 가는 즈음에 둘로 나뉘어 살아야 했던 것이다. 국제화 물결에 따라 미국에서 일 년 살고, 유럽까지 돌고 돌아와 보니, 나라 살림이 IMF 체제를 맞았다. 그래서 우리 집 살림도 세상 인연 따라 국제화려니 하며 지낸다.

오늘 또 새로운 한 학기를 시작한다. 내가 대학에 입학한 해의 3월 둘째 날도 오늘처럼 비가 내렸다. 흰머리가 눈부신 정광모 선생님의 "여러분의 입학을 축하하는 봄비가 내립니다" 하며 웃으시던 모습을 떠올리며 마로니에공원을 지나, 아침 7시 40분발 KTX에 몸을 실었다.

학교 와이Y관 2층의 '복지사회와 봉사' 강의실이 학생들로 가득하다. 개강을 무척이나 기다린 듯, 선생인 나도 학교에 들어서니 활기가 넘친다. 가정대학 생활과학부에서 스무 해, 사회대학 사회복지과에서 일곱 해, 총 스물일곱 해를 보낸 대구에서의 생활. 나이가 들어가면서 학생들이 더욱 귀하고 어여쁘다.

귀가해서 겨우내 비워 둔 집을 닦고 쓴다. 빨래를 돌리고 유효기간 넘긴 음식물을 치우고 나서, 육십 여 가구가 모여 사는 단지를 둘러보니 매화와 천리향이 피었다. 저 건너 뒷집 어른이 한 달 전에 떠났다는 소식을 뒤늦게 접하니, 서로 타향살이 민망하다. 고요한 정 교수댁 뜰은 여전히 단정하고, 손자 보러 미국에 가신 할머니 댁 소나무도 작년 이맘때와 비슷하다.

작년 늦가을에 본 모습 그대로인 집은 세든 외국인 집과 우리 집뿐이다. 새순 사이에 남아 있는 묵은 가지를 서둘러 거두고 나서 뉴스를 들으니 내일 아침은 몇 도 더 내려간다고 한다. 달력을 들여다보고 아직 정월대보름 앞둔

경칩 전임을 깨닫고 놀랐다. 지난해에는 윤달이 있어 청첩장이 몰렸는데, 올해도 그러하려나……. 어느덧 고령화 저출산 사회로 가고 있다는데, 혼인률이 올라가고 노인들의 외로움이 덜어지면 좋겠다.

지난 방학 때는 특별한 일이 하나 있었다. 능가산 내소사에서 열린 교수들 대상의 부부 동반 템플스테이에 참가한 것이다. 친환경생태교육의 하나로 불교아카데미의 '휴休' 프로그램에 혼자라도 동참하기 위해 남편 허락을 받아야 했다. 사회복지 실천기술 치유 프로그램인 '트렌드'명상, 요가, 참선에 더하여 발우공양전통사찰음식과 상床 공양을 함께 하고, 다도 실습, 연등 만들기, 탑돌이 등을 체험할 수 있었다.

왠지 삼십 년도 더 지난 학창시절의 수련대회가 생각났다. 1971년 여름, 나는 배흘림기둥으로 유명한 봉황산 부석사浮石寺에서 열린 불교학생회 수련회에 처음 참가했다. 그리고 초발심의 열의는 곧 환희심으로 바뀌었다. 대학생활은 물론 내 인생 여정을 온통 압도하는 불법 인연을 만난 것이다.

돌이켜보면, 결혼을 전환점으로 해서 서울을 떠나 우리 부부가 나란히 '집'과 '일터'를 오가는 대구 생활을 시작했다. 그때는 나이조차 못 느낄 만큼 정신 없이 바쁜 시간이었다. 그 뒤 실크로드를 따라 오가며 인도·티베트학을 연구하고, 삼국유사와 인연 깊은 아버지를 따라 유적답사를 다니고, 비로암의 노스님을 친견하는 인연을 얻었다.

학교 밖에서는 80년대 여성시민운동단체 초창기에 '여성회', '함께하는 주부모임’, ‘자비의전화’ 등의 교육 및 자문에 참여한 시간도 있었다. 이 단체들이 세월 따라 재단을 만들어 개발원, 교육원, 센터, 연합회, 협의회로 서로 합치고 변신하는 데는 좀 거들기도 하고 때로 빠지기도 했다.

여자 몸을 받았으니 당연히 엄마, 아내, 딸, 며느리 노릇도 하며 살았다. 그 어느 것 하나 거저 되는 것은 없었다. 요즘은 여성가족부의 정책 제안 실행 단계를 비롯, 그 혜택이 골고루 미칠 것을 믿으며 여성, 노인, 가족, 복지 등의 일에도 동참한다.

한동안 ‘가정 복지’ 제도를 정착시키기 위한 학회 일에 총무를 맡아, 유례에 없던 공청회를 열고, 특위 구성, 조찬 모임, 저녁 회의 등, 안 가리고 참석했다.

서울역에 내리기 바쁘게 대학을 따라 학회를 돌며 세월을 보냈다. 복지부며 국회의원실 복도를 전, 현 학과장들과 같이 서로 “앞서시지요~” 하면서 걷던 일이 떠올라 저절로 미소가 머금어진다. 시키지도 않은 일이 왜 그리 급했던지, 맨 먼저 대구 경북에 ‘여성학’ 강좌를 개설하고 강의하였으니, 지금 생각해도 용기가 필요하고, 여전히 끝이 없는 길이다.

이번 학기에는 여성학 대학원의 ‘가족 복지’를 포함, 모두 네 강좌를 맡았다. 지난해에는 상경길에 고려대 문화재협동과정 민속학과에 출강하고 ‘여성생활사’ ‘한국생활사’ 등의 세미나를 했다. 올해도 런던에서 열리는 Korea학 발표 논고며, 오스트리아 비인박물관회까지 부부 동행해야 하는 바쁜 학기임을 예감한다. 이제부터는 천천히 (사)지혜로운여성 일도 함께 나누어 하려 한다.

나의 재적사찰 미황사

– 조희금 | 대구대학교 가정복지학과 교수

"학교에 다녀오겠습니다. 오늘도 하루를 잘 보내겠습니다."

"잘 다녀왔습니다."

매일 아침과 저녁, 내 방의 부처님과 관세음보살님께 인사를 드린다.

지난해 방을 정리하면서, 한쪽 벽면을 비우고 그 곳에 관세음보살도를 걸었다. 6년 전 남편이 중국 난징南京에 머물 때 인연 맺은 스님이 주신 그림이다. 관세음보살님이 계시니, 향을 피울 수 있도록 상을 마련했다. 상 위에는

◆ **조희금(법명 자인행)**
1954년 출생 | 재적사찰 : 미황사 | 서울대학교 가정관리학과 및 동 대학원 가정학 석사, 경희대 가정관리학과 가정학 박사 | (사)대구 여성의전화 공동대표, 여성가족부 위탁 중앙건강가정지원센터 센터장 역임 | 현재 대구대학교 가정복지학과 교수

역시 난징에서 구한 작은 불두, 미황사 주지 금강 스님이 주신 《반야심경》을 올려놓았다. 이렇게 해 놓고 보니 출퇴근을 하거나, 집을 떠나고 돌아올 때 인사를 드리게 된다.

또 가끔은 책상에서 일을 하다가도 공연히 부처님께 인사를 드리고 싶어 마음을 모아 삼배를 올리면서 이런저런 부탁을 드리기도 한다. 그래서 요즈음은 늘 부처님이 내 뒤에 계신다는 안도감이 든다고나 할까, 마음 든든한 후원자가 생긴 느낌이다.

이렇게 불교가 내 생활로 들어온 것은 지난 2003년 여름, 내가 땅끝마을 미황사의 신도가 된 뒤부터다. 나는 1974년 여름, 부산 범어사 수련대회에서 광덕 스님께 자인행慈仁行이란 법명을 받으면서 불자가 되었다. 그러나 마음만 있을 뿐, 무늬뿐인 불자로서 불교적인 수행도, 종교적인 신행생활도 하지 못한 채 지내 왔다. 사정이 이러하니 초파일 신도에 불과할 뿐, 정기적으로 법회에 참석하거나 따로 재적사찰을 만들지 못한 것은 물론이다.

2003년 초, 유방암 수술을 하고 1학기를 지낸 나는, 심신이 몹시 피곤한 상태로 휴양을 위해 미황사에 머물게 되었다. 여름방학 시작하고 곧바로 들어가 3주 정도 머무는 동안, 달마산과 미황사의 아름다운 풍광, 주지 금강 스님과 공양주 보살님의 따뜻한 보살핌, 그리고 일생 처음으로 마음 놓고 휴식을 취한 것 같은 편안한 느낌은 나를 너무도 행복하게 해주었다. 그 해 여름 나는 그렇게 미황사 신도가 되었다.

그 뒤부터 방학이면 단 며칠이라도 미황사에 머물기 위해 갖은 노력을 다한다. 그리고 미황사의 중요행사인 해넘이 · 해맞이 법회, 괘불재 등에는 미황사 신도로 참석하고, 미황사의 일에 늘 관심을 갖게 되었다. 그러면서 예전에는 종교가 불교라고 당당히 밝히지 못했던 내가 이제는 자신 있게 내 종교를 소개할 수 있다. 그리고 불자로서 손색이 없도록 바른 마음가짐과 바른 행동을 하려고 노력한다. 아마도 이래서 월운 스님께서, 불자들은 재적사찰을 정해 놓고 사찰 일에 관심을 갖고 참여해야 한다고 당부하신 모양이다.

이제 나는 일상의 신행생활을 통해 불교적 수행으로 점점 더 나아갈 수 있기를 기원한다.

기도의 묘미를 일깨워주신 스님

- 김영선 | 인천대학교 명예교수

무엇을 어떻게 하는 것이 불교신자인지조차 모르고, 날짜에 맞추어 현등사懸燈寺를 찾던 초발심 시절의 어느 가을날이었다. 토요일 저녁에 철야기도를 할 맘으로 현등사에 올랐다가 처음으로 정안 스님을 뵈었다. 스님은 침착한 인상에 말씀조차 가만가만 하셔서, 어느 때는 무슨 말씀을 하시는지 알 수 없을 정도로 조용한 분이었다.

정안 스님과 함께 대웅전에서 철야기도를 할 때의 일이다. 조용조용 하면서도 감동적인 스님의 염불소리는 절절이 우리 마음을 울려 우리는 점입가경漸入佳境에 이르곤 했다. 뿐만 아니라 부처님께 절을 올릴 때의 모습도 우리를 황홀, 감탄케 하셨다. 차분히 내려 굽히며 가사 장삼과 하나되어 오체투지五體投地하는 모습이 부처님께 절을 하는 것인지, 나비가 꽃 위에 살포시 내려앉는 것인지 알 수 없을 정도로 우리를 몰입케 했고, 부처님께 절을 올리는 법과 올리는 마음을 다시 한 번 가다듬게 하셨다.

스님은 기도를 시작할 때부터 끝날 때까지 시종일관 우리로 하여금 기도 삼매경에 몰입케 했으며, 기도의 오묘한 진리를 터득케 하고, 기도를 정말 어떻게 진심으로 해야 하는지를 행동으로 일깨워주셨다.

그 해 겨울은 몹시도 추웠다. 당시 난방시설을 제대로 갖추지 못한 현등사에서 나날이 기도 정진하시던 스님은 감기가 폐렴이 되고 마침내 사경을 헤맬 정도로 병환이 악화되어 하산하지 않으면 안 되는 지경에 이르셨다. 그 뒤 수년 간 투병생활을 하다가 겨우 건강을 찾으셨고, 지금은 경기도 여주 해인 정토사를 일으켜 기도 정진하고 계신다.

지금도 가끔 찾아뵈면 여전히 기도 삼매경에 몰입한 채 정진하시며, 신도 한 사람 한 사람 모두를 자상하게 염려하며 기도하고 축원해

◆ 김영선

1937년 출생 | 재적사찰 : 현등사, 심곡암 | 서울대학교 법학과 졸업, 이화여자대학교 대학원 법학과 석사, 서울대학교 대학원 법학 박사 | 인천대학교 법학과 교수, 인천대학교 사회과학대 학장 역임 | 현재 인천대학교 명예교수, 아세아여성법학연구소 이사, 일륜회 감사

주신다. 30여 년 동안 시종일관하는 스님 모습을 뵐 때마다 깊이 존경의 마음이 인다. 아직도 우리를 기도하지 않으면 안 되게 이끌어주신다.

스님은 항상 조용하면서도 한결같이 신도들의 평안함을 기원해주신다. 건강도 전보다 많이 좋아지신 모습이다. 공양주도 두지 않고 손수 절약하며 절 살림을 꾸려 나가시는 모습에 안쓰러운 마음 끝이 없다. 항상 건강하고 끊임없이 기도 정진하여 성불하시길 빈다.

나무 관세음보살!

참배로 시작하는 하루

- 김 진 | 연세대학교 치과대학 교수

내가 불교와 인연을 맺은 것은 세상에 태어나 걸음마를 시작했을 때부터일 것으로 어렴풋이 기억한다. 아침에 일어나서 맨 먼저 해야 하는 일은 절에 다녀오는 것이었다. 어머니는 부처님께 절을 올리지 않으면 아침밥을 주지 않으셨다. 그렇게 매일 절에 다닌 것이 내 평생의 습관으로 굳어졌다.

해외에 체류 중일 때 집 근처에 사찰이 없어서 일주일에 한 번 간 것을 제외하고는, 한국에 있는 동안은 매일매일 하루를 부처님께 참

◆ 김 진(법명 불광등)
1953년 출생 | 재적사찰 : 청진사 | 연세대학교 치과대학 졸업, 연세대학교 대학원 의학박사 | 현재 연세대학교 치과대학 교수, 연세 구강종양연구소 소장, 대한구강악안면병리학회 부회장

배하는 것으로 시작했다. 이런 습관에 비하면 내가 불교에 대해 아는 것은 거의 전무한 상태였다. 불교를 체계적으로 공부해 본 적 없이 늘 언젠가는 하겠다는 막연한 계획만 가지고 살고 있다.

경전 공부는 제대로 하지 못했지만, 우연히 친구를 통해 알게 된 안국선원에 다니면서 정식으로 참선 공부를 했다. 참선 공부가 아직은 한없이 모자라지만, 과격하고 참을성 없는 내 성격을 조금씩 누그러뜨려주고 있다고 생각한다.

부처님 말씀이 우주의 진리를 설하신 것이라 믿는 나의 요즘 화두는 내 학문에 불법을 어떻게 적용시킬 것인가 하는 문제다. 치아 암을 연구하는 내 학문에 부처님 말씀을 적용하는 방법은 다양할 것이다. 어떤 철학자가 현대 종교 가운데 가장 합리적인 종교는 불교밖에 없다고 말했다. 불교가 가장 과학적이고 철학적인 종교라는 그 말의 뜻처럼, 한없이 쪼개고 분석하며 연구해도 결국 제자리인 서양 과학의 한계를 극복할 것은 불교라고 믿는다. 그러므로 모든 것이 인연법으로 서로 상호 연결되어 있다는 불교의 연기관을 기반으로 병의 원인도 규명될 것이라고 생각한다. 이를 바탕으로 이 연구가 성공적으로 진행되어서 불법이 의학계에서도 환하게 꽃 필 날을 기다리며 열심히 연구하고 있다.

그러나 불법에 대한 지식이 부족하기 때문에 이 분야에서 조언을 해주고 함께 연구할 수 있는 도반이 있었으면 좋겠다는 게 내 바람이다. 필요하면 정기적인 세미나 등을 통해서 조직적으로 불법과 의학을 연결시키는 작업을 하고 싶다. 달라이 라마와 서양의 과학자 및 정신과 의사들이 정기적으로 회의를 하고, 그 결과를 책으로 펴내는 것으로 알고 있다. 국내에도 이런 모임이 구성된다면 열심히 참여할 생각이다.

내 연구 분야에 불법을 적용하는 것 외에 소외된 이웃을 돕는 일을 찾으려고 노력하고 있다. 그간의 내 삶에서 가장 보람 있었던 일은 일제 강점기의 조선 여인으로 태어나 조국은 물론 인생마저 송두리째 빼앗긴 채 비참하게 남의 나라에 살고 계신 중국 거주 일본군 위안부 할머니들을 도운 일이다. 치과의사 동료들과 함께 7년간 그분들을 돕다가 여성가족부에서 공식적으로 그분들을 지원하면서 그만둔 적이 있다. 앞으로도 기회가 되면 언제든지 내 남은 시간을 사회에 회향하고자 한다.

작년에 한없이 부족한 내가 불교여성개발원에서 주관한 여성 불자 108인에 선정되었다. 부끄럽기도 하고, 한편으로 빚진 마음이다. 앞으로 이 사회에서 내가 불교를 위해 할 일을 찾고, 불법을 체계적으로 공부할 수 있는 여유가 하루 빨리 오기를 고대한다.

나를 살리는 길

– 김주현 | 강원대학교 간호학과 교수

나는 고등학생이 되면서 삶과 죽음에 대해 생각하게 되었다. 사람이 왜 살아야 하는가? 그때는 죽음이라는 것이 너무 두렵기만 했다. 그래서 아주 다양한 책을 읽었다. 그때 읽은 책들 가운데 헤르만 헤세의 책들과 《티베트 사자의 서》 등이 생각난다. 삶과 죽음에 대한 탐구로 성경도 읽고 불경도 읽었다. 한글로 번역된 불경을 읽으면서 한자를 배워 원전을 직접 읽고 싶다는 열망에 한문 공부를 하기도 했다. 그러다가 룸비니라는 고등학생 불교동아리에 들어가 여러 절들을 다니기도 하였다.

대학에 들어가 의대 불교학생회에 가입하면서 대불련과도 인연을 맺게 되었다. 선·후배들과 농촌 무료진료 봉사도 가고, 산사의 수련대회에도 참석했다. 지금도 생각나는 것은 해인사 수련대회에서 뵌 성철 스님의 모습이다. 이상

하게 스님의 법문은 하나도 생각나지 않고 오
로지 스님의 형형한 눈빛만이 생생하다. 한겨
울의 금산사 수련대회는 밤사이에 내린 눈이
아름다운 설경을 선물했고, 쏟아질 듯 청명하
던 밤하늘의 별들도 잊지 못할 추억을 만들어
주었다.

어머니는 아주 신실한 불교신자셨다. 돌아
보면 내 일생이 대체로 순탄할 수 있었던 것은
모두 어머니의 정성 어린 기도 덕분이라고 할
수 있다. 나를 위한 어머니의 정성에 비하면
내 아들들에게 쏟는 내 정성은 부끄럽고 미안
할 따름이다.

순조로운 삶을 살다 보니 불교에 대해서는
생각만 할 뿐 사찰을 정해 놓고 다니거나 규칙
적인 신행생활도 하지 못했다. 그렇게 슬렁슬
렁 세월을 보내는 사이에 20대의 치열했던 초
발심은 어느새 스러져버렸다. 그러던 중 직장
을 옮기면서 친구와 선배 사이에서 큰 고통을
겪었다. 당시에는 지옥이 있다면 이럴 것이라

◆ 김주현(법명 월비)
1954년 출생 | 재적사찰 : 한마
음선원 | 서울대학교 간호학과
졸업, 동 대학원 석사 · 박사 |
현재 강원대 간호학과 교수,
교수불자연합회 강원도 부회
장, 선재마을 의료봉사회 회장

는 생각이 들 정도로 심적 고통이 컸는데, 이런 상황이 되자 저절로 부처님과 큰스님을 찾게 되었다. 당시 나는 안양 한마음선원의 대행 스님께 많은 가르침을 얻었다. 이를 계기로 마음공부에 집중해서 그 뒤 내게 일어나는 많은 문제들을 잘 해결할 수 있었다.

참선과 마음공부를 하는 중에 기적이라고밖에는 어떻게 말할 수 없을 정도로 모든 문제가 해결되는 것을 여러 번 경험했다. 그리고 예지적인 꿈도 꾸었다. 그러면서 문득 현재 누리고 있는 이 모든 것에 감사하는 마음이 저절로 들었다. 그리고 내가 가진 능력을 이용해서 조금이라도 남을 돕는 일을 해야겠다고 마음먹었다.

그때 마침 모교 불교동아리인 의불회 회장을 지낸 강경구 선생이 선재마을 의료봉사회 활동을 같이 하자고 연락해 왔다. 당시에는 연로하신 친정어머님을 모시고 있어서 여유가 되면 참여하겠다고 미뤘다. 몇 년 뒤 어머님이 돌아가시고 나서부터 지금까지 선재마을 의료봉사회 활동을 하고 있고, 어쩌다 보니 회장까지 역임하기에 이르렀다.

나는 우선 주변에서 작은 것이라도 할 수 있는 것부터 해 보자는 생각에 홀몸노인들에게 반찬 전달하기, 풍경소리 회원에 가입해서 전철역 포교 포스터 관리하기, 야학 교사 하기 등을 시작했다. 그리고 지금까지 선재마을 의료봉사회에서 하는 서울역 노숙자 무료진료에 참여하는 한편 풍경소리 포스터 관리하는 일을 계속하고 있다.

교수불자연합회에 가입해서 학교에서 불경 읽기 모임도 이끌고 있다. 안양 한마음선원의 한마음 과학원 회원으로도 활동하면서 불교적 관에 대한 과학적 연구도 수행하고, 건강 증진 프로그램 개발에도 참여하고 있다.

이제는 아들들도 자기 앞가림을 할 정도로 커서 지금은 내가 입은 부처님의 은혜를 갚아야 할 때라고 생각한다. 이에 내 능력을 필요로 하는 곳이 있으면 어디든지 달려가 최선을 다하려고 마음먹고 있다. 이것이 곧 나를 살리는 길이라고 믿는다. 우리는 서로 연결되어 더불어 살아가는 존재라는 걸 깨달았기 때문이다.

부처님께 새롭게 원을 세우며……

– 이명순 | 성균관대학교 의과대학 교수

어려서부터 나는 어머니를 따라 자주 절에 가거나 '큰선생님_{백성욱 박사}'을 뵙고 훌륭한 법문을 자주 들었다. 대학에 들어가서는 오빠와 함께 불교학생회 활동을 하면서 여러 경전을 공부하고 수련대회에 참가하는 등, 부처님께 귀의한 불자로서 생활하고 공부했다.

그러나 어릴 때부터 곁에서 지켜본 어머니의 공부하시는 모습처럼, 아침저녁으로 《금강경》을 읽고 정진하면서 일상생활에서 부처님께 향하는 연습을 시작한 것은 대학교 3학년_{의과대학 본과 1학년} 여름이 지나면서부터다.

대학생활을 시작하고 나서, 언젠가부터 한 가지 의심이 떠나지 않았다. '어떻게 공부하면 경전 말씀처럼 해탈 경지에 올라 행복해질 수 있을까? 참선이나 예불하는 순간뿐만 아니라 일상생활에서도 하루 종일 올라오는 많은 생각에 휘

둘리지 않고, 또한 내 자신과 주위 세상에 걸림 없이 모든 것에서 벗어날 수 있을까? 하는 것이었다.

의문을 풀기 위해 구체적인 해답을 찾기로 했다. 처음에는 선후배들과 같이 절에 가서 스님들을 뵙거나 또는 수련대회 등에서 참선이나 삼천배 등을 하면서 답을 구하고자 했다. 그러나 '참으로 그렇구나!' 하고 무릎을 칠 만큼 시원한 답을 찾아내지 못했다.

그렇게 대학 3학년 여름을 맞았고, 답에 대한 갈증은 점점 심해졌다. 그러면서 여름 한 달 내내 이삼 일 간격으로 계속 여러 절을 찾아다니거나 대중들과 예불 드리는 꿈을 꾸었고, 실제로도 시간이 날 때마다 절로 법당으로 공부하는 분들을 찾아뵙고 여쭙곤 했다. 그러나 가슴이 뻥 뚫리는 듯한 답은 구하지 못했다.

그러던 가운데 김정섭 선생님과 이광옥 선생님을 찾아뵈었다. 대학 1학년 가을에 처음 만난 이래 2년 만에 법당에서 두 분을 만난 그

◆ 이명순

1958년 출생 | 서울대학교 의과대학 졸업, 동 대학원 석사·박사 | 현재 성균관대 의과대 의학과 사회의학교실 부교수

날, 비로소 답을 구하던 내 마음을 쉴 수 있게 되었다. 두 분 선생님은 내게 아침저녁으로 《금강경》을 읽으라고 권하셨다. 《금강경》의 부처님 말씀을 직접 부처님께 듣는 마음으로 읽고, 하루 종일 떠오르는 모든 생각을 부처님께 바치는 연습을 하라는 것이었다. 생각을 바치는 방법도 가르쳐주셨다. 어떤 생각이라도 그 생각에다 대고 "미륵존여래불" 하며 마음과 입으로 외워서, 마음으로 읽고 귀로 듣도록 하면서 부처님께 바치라고 했다.

부처님께 공양을 드리듯이 무슨 생각이든 부처님께 바치면서 공부하는 법은 백성욱 선생님의 가르침이다. 백성욱 선생님의 가르침을 받은 두 선생님은 그 방법에 대해 이렇게 설명해주셨다.

부처님께 바치는 연습을 하는 뜻은 석가모니 부처님 당시에 대중들과 같이 공부하던 '미륵' 동자의 정신을 좇아서 정진하기 위함이라고 하셨다. '미륵' 동자는 모든 것을 오로지 부처님께 드리고 바침으로써 부처님을 시봉侍奉해서, 많은 훌륭한 제자들보다 먼저 석가모니 부처님께 수기를 받은 분이다. 석가모니 부처님은 미륵 동자에게 당신 뒤를 이어 내세에 부처가 될 것이라고 수기하시며 그 이름을 '미륵존여래불'이라고 지어주셨다.

《금강경》은 부처님 설법 가운데 가장 골수가 되는 말씀을 담은 경전이다. 뜻을 모르고 읽어도 여러 번 읽으면 통하므로 자꾸 읽고 실행함으로써 부처님의 지혜와 밝음을 얻을 수 있고, 밝아지면 부처님처럼 평안하고 자유로워져서 행복에 다다를 수 있다고 했다. 몸은 움직여야 건강해지고 마음은 안정함으로

써 지혜가 생기므로, 육체는 규칙적으로 일하고 정신은 절대로 가만두어야 한다는 말씀과, '공부하겠다, 공부가 왜 안 되나, 공부가 잘 된다' 하는 탐심貪心·진심瞋心·치심癡心을 내지 않도록 주의하라는 말씀도 해주셨다.

이런 공부 방법은 그 전까지 내가 알던 것과는 사뭇 달랐다. 먼저 공부를 해서 스스로 해탈의 경지에 이르는 것이 아니라 부처님의 밝은 뜻을 받들어 부처님 시봉할 것을 서원하는 것으로, 내 자신에게서 벗어날 수 있을 것 같아 마음이 시원해지고 넓어졌다.

또한 하루 종일 이러저러한 생각들이 떠오를 때마다 부처님께 "미륵존여래불" 하여 바치고 드리면 되니, 생각마다 따로 대처할 걱정이 없어졌다. 더욱이 선생님께 어려운 경전 문구나 추상적인 말씀에 대해 가르침을 청하지 않고 실제로 올라오는 생각이나 삶의 문제에 대해 공부한 것을 여쭐 수 있어서, 생활 속에서 문제를 해결해 가며 실천하는 공부가 가능해졌다.

그때부터 나는 더 이상 공부하는 법을 찾아 헤매지 않았고, 두 선생님 말씀에 따라 공부한 지 어언 30여 년이 되었다. 그 공부법은 시작할 당시에는 선택이었는데, 이젠 내 삶에서 선택이 아닌 필수이며 원동력으로, 행복의 근원이다.

의과대학생 시절과 전공의와 전임의 시절, 그리고 가정의학과 의사로서 진료하던 때, 현대 의학으로는 어찌할 수 없는 힘든 병을 앓거나 삶과 죽음의 문턱을 오가며 고생하는 환자와 가족들을 보는 경우가 많았다. 의사 역할 말고는 도와드릴 수 있는 방법이 없어서 한계와 안타까움을 느끼곤 했다. 이런 순간마다 나는 올라오는 힘든 생각을 부처님께 드리고 바치면서, 모든 환자와 가족들이 고통에서 벗어나고 건강해져서 부처님 전에 복 많이 짓기를 발원하면서 정진할 수 있었다.

지금도 사람들의 건강 증진을 위한 연구와 교육 사업 등을 진행하고 정책을 수립하면서, 어려움을 겪을 때마다 부처님께 원을 세우며 정진함으로써 일의 방향을 찾아간다. 일상의 삶에서 또한 마찬가지다. 내 나름대로 전공 분야에서 인정받으며 정진하고 공부해 갈 수 있는 것은 모두 부처님의 가피와 백 선생님과 두 분 선생님의 가르침김정섭 지음, 《행복한 공부》 참조, 그리고 밝은 곳을 향해 공부하시는 어머니를 비롯한 많은 분들의 공덕 덕분이라고 생각한다.

그러나 아직도 부족한 것이 많다. 올라오는 생각들에 마음 고생을 한참 한 뒤에야 부처님께 향하여 바치는 경우가 많다. 때로는 금강경 공부를 놓치는 날도 많다. 더구나 제2차 여성 불자 108인에 선정되면서 공부한 것을 나누자는 권유에 많이 흩어진 내 모습이 보여서 숨고 싶은 생각도 많다. 다시금 초발심으로 돌아가서 부처님께 새롭게 원을 세우며 정진하고자 한다. 부처님과의 만남에서 가질 수 있었던 좋은 인연과 경험들을 우리 여성 불자 모두가 함께할 수 있기를 발원한다.

천진불을 만나는 행복

– 이정호 | 한국표현예술심리치료협회 부회장

오늘도 나는 부처님을 닮은 아이들을 만나러 간다. 서초동에 있는 심리치료실에 오는 아이들은 다른 사람들이 보기에는 문제아요 장애아일지 모르지만, 내 눈에는 아주 예쁘고 귀한 천진불일 따름이다. 그래서 나는 그들을 만나는 시간이 행복하다. 우리의 의사소통에는 말이 필요 없고 눈맞춤과 미소, 함께 깔깔거리는 이심전심의 열린 마음이 필요할 따름이다. 이 아이들이 바깥세상에 적응하지 못하는 문제가 생긴 것은 그들이 나쁘거나 모자라서가 아니

◆ 이정호(법명 원명심)
1948년 출생 | 재적사찰 : 조계사 | 서울대학교 미술대학 졸업, 경희대학교 대학원 아동학 석사 | 현재 동국대학교 사회교육원 교수, 명지대 대학원 예술치료학과 강사, 한국표현예술심리치료협회 부회장

고, 있는 그대로의 그들을 받아주고 인정해주지 않는 어른들의 잘못인 경우가 대부분이다. 그래서 '내가 꽤 괜찮은 사람이다. 나는 내가 원하는 것을 할 수 있다'는 자기존중감과 자신감이 형성되지 못하고, 그 결과로 그들은 학업이나 인간관계에서 실패를 거듭하게 되는 경우가 많다.

그런 아이들을 돕는 진정한 방법은 그들을 비난하고, 벌주고, 가르치는 것이 아니라 그들의 마음을 알아주고, 현재의 능력을 인정해주고, 그들이 하고 싶은 것을 할 수 있는 기회를 주는 것이다. 자기가 원하는 것을 이룬 경험은 자신감과 행복감으로 이어지고, 이 세상을 좀 더 친절하고 따뜻한 곳으로 느끼게 해주고, 힘든 과제와 관계들을 감당할 수 있는 힘을 준다.

1970년에 미술대학을 졸업하고 이듬해 독일로 유학 간 나는 그 곳에서 남편을 만나 결혼하고 아이 둘을 낳아 열심히 키운 뒤 14년 만에 돌아왔다. 독일에서 큰 아이가 다니던 초등학교 옆에 정신장애아들이 다니는 학교가 있었는데, 그 곳에 다니는 아이들을 보면서 내가 건강한 아이들의 어머니인 것이 얼마나 감사한 일인지 새삼 느꼈다. 그리고 우리 아이들이 크고 나면 다른 불행한 아이들을 위한 일을 하고 싶다고 막연하게 생각했다.

귀국 후 시어머님이 다니시던 조계사 법회에 참석하면서 나는 불법에 눈뜨기 시작했다. 그리고 '이렇게 좋은 부처님 말씀을 들을 곳이 있는데 왜 가까이 사는 사람들은 절에 오지 않을까?' 하고 궁금해했다. 만 45세가 되던 해에 매일 절에 가서 백고좌법회에 참석해서 큰스님들의 옥음을 들을 수 있었고, 그 뒤 대학원에서 아동학을 전공하면서 미술치료와 놀이치료를 공부해서 예술치료사로 일했다. 일하는 동안 힘들 때마다 산 속 암자를 찾아 자연의 소리를 듣고, 참선수련회에 참석해서 숨을 고르는 시간을 가졌다.

마음병으로 고통 받는 사람들을 만나 그들의 이야기를 듣고, 예술활동을 통해 응어리를 풀어내게 하고, 어둠 속에서 희망을 찾아내는 그들의 변화를 지켜보면서 나는 모든 사람에게 불성이 있다는 것을 확인한다. 일반인들이 이해할 수 없는 행동을 하는 사람도 일 대 일로 만나보면 나와 동등한 한 사람일 뿐이고, 그들이 그렇게 행동할 수밖에 없는 조건 때문에 힘들게 사는 사람일 뿐이다. 시방삼세 제망찰해, 촘촘하게 짜인 인연의 그물 속에서 살아가는 우리들은 그 망의 한 가닥을 지금 내가 짜고 있고, 그것이 미래의 세상을 만들어 가고 있다는 것을 인식할 때 내 행동 하나도 소홀히 할 수 없고, 만나는 한 사람 한 사람을 함부로 대할 수 없을 것이다.

속이는 말을 하지 않는 분, 사실과 다른 말을 하지 않는 분, 부처님을 만난 인연에 감사한다.

불교 무용과 함께 한 내 인생

- 손재현 | 동국대학교 체육교육과 무용전공 교수

내가 부처님을 처음 만난 것은 어렴풋한 기억으로 어린 시절 할머니와 어머니의 손을 잡고 법당에 발을 들였던 그 때부터였던 것 같다. 그 뒤 할머니가 돌아가시고, 할머니를 데려갔다고 생각해서 부처님을 미워하면서도 절에 가서 할머니의 극락왕생을 염원하며, 나와 부처님의 인연은 그렇게 깊어져 갔다.

부처님을 마음에 새기고 또 새기며 피나는 노력과 연습 끝에 대학 무용과에 들어갔을 때, 지금은 작고하신 나의 은사 조모 교수님은 기독교 신자로 선교 무용에 한참 열성을 쏟고 계셨다. 불교 신자로서 선교 무용을 한다는 자괴감에 빠져 있을 즈음, 어머니께서 이런 말씀을 하셨다.

"부처님은 어느 곳에나 계시므로 이교도 속에도 계신단다. 네 마음속에 항상 부처님이 계신다면 어떤 것도 문제되지 않는다. 항상 부처님을 생각하면서 부처님의 가르침과 같이 교수님을 도와 어떤 일이든 최선을 다해라.”

어머니의 말씀에 내가 괜한 고민을 하고 있었다는 것을 깨달았고, 교수님을 도와 더욱 열심히 공연을 했다. 이때부터 조금씩 나도 불교 무용을 하며 불교를 대중화하는 데 공헌해야겠다고 다짐했다. 지금 생각해 보면 오히려 그 시절 선교 무용은 현재 불교 무용을 하는 내게 많은 영감을 주고, 도움이 되고 있다. 선교 무용을 하면서 불교 무용에 목마름을 느껴 현재 불교 무용을 하고 있는 이 모든 과정이 부처님의 뜻이 아닐까 하는 생각이 든다.

1999년 무용단을 이끌고 이스라엘에 공연을 갔을 때의 일이다. 종교도 다른 나라, 그것도 2만 명의 관중이 운집한 이스라엘의 야외무대에서 한국 불교 무용을 보여줄 수 있는 좋은 기회였다. 나는 떨리는 마음을 가다듬고 단원들의 긴장을 풀어주려 애썼지만 내 다리도 후들거리는 것은 어쩔 수 없었다.

◆ 손재현(법명 성덕행)
1961년 출생 | 재적사찰 : 조계사 | 한양대학교 체육대학 박사 | 현재 동국대학교 체육교육과 무용전공 교수, (사)한국불교문화예술협회 이사장

　　마음을 진정시키려 무대 뒤 의자에 주저앉은 나는 부처님을 찾기 시작했다. 얼마나 지났을까. 갑자기 눈앞이 환해지며 외할머니가 나타나 내게 손을 내미셨다. 그 까칠하면서도 따스한 손을……. 눈물이 쏟아졌다. 할머니의 온기가 그대로 온몸에 전해지면서 자신감이 생겼다. 나는 혼자가 아니었다. 심호흡을 하고 청중들을 바라봤다. 좀 전까지만 해도 이교도들로 보였던 그들이 지금은 우리 무용단을 지켜주는 신장들로 보였다. 비록 종교도 다르고, 피부색도 달랐지만……. 우리는 청중들의 우레와 같은 박수갈채를 받으며 공연을 무사히 마쳤다. 내 입가에서는 언제부터인지 관세음보살 명호가 흘러나오고 있었다.

　　공연이 있을 때마다 나는 진실한 마음으로 부처님께 기도한다. 나의 이 공연이 청중들의 심금을 울리고, 불심을 자극하여 온 세상이 불국토처럼 아름답고 서로가 서로를 아껴주는 평화로운 세상이 되기를……. 그리고 다시 한 번 되새긴다. 끊임없는 보살행으로 부처님의 은혜에 보답해야 된다는 어머니의 간곡한 당부를…….

삼생(三生)을 윤회하며 추는 춤

– 이선옥 | 전 포천중문의대 보건복지대학원 선무 무용치료전공 주임교수

한 명의 인간을 만드는 것은 무엇일까? 품어 기른 자연일까? 지혜를 준 스승일까? 아니면 만나고 사랑하고 다툰 세상 전체일까? 인간의 한 생이 단순히 현생에서 끝나는 건 아니라고 믿는다.

어머니는 자장가를 독송으로 불러주셨다. 무의식 혹은 전생에 이미 불교와의 인연이 밀접했을 것이다. 나는 개성에서 태어났다. 초등학교에 입학하던 해 한국전쟁이 터졌다. 아버지는 전쟁 중에 돌아가셨다. 아버지가 돌아가

◆ 이선옥(법명 백련성)

1943년 출생 | 재적사찰 : 인천 용화사 | 건국대 영어영문학과 졸업, 뉴욕대학 석사·박사 | 뉴욕대학 교수, 포천 중문의대 교수 역임 | 현재 선무용단 예술감독, 선무클리닉 소장, APPAN(아태지역 공연예술 네트워크 한국 회장, homo Sanctus 레지던스 티쳐

시기 전날, 어머니는 "내일 11시에 너희 아버지가 돌아가실 것"이라며 침착하게 수의를 지으셨다.

아버지를 개성에 묻고 부산으로 내려간 건 1·4후퇴 때였다. 피난살이를 하던 부산 집 2층에 이매방 춤연구소가 있었던 것은 결코 우연만은 아니었을 것이다. 이매방은 살풀이에 일가를 이룬 춤꾼이었다. 나는 매일 창문 너머로 춤연구소를 들여다보았다. 그리고 집에 돌아와 춤을 흉내 냈다. 엄마 저고리를 뒤집어쓰고 춤동작을 따라 했다. 그러면 오빠들은 질색했다. 그러나 어머니만은 말리지 않았다. "이 아이는 이런 걸 해야 할 아이니, 그냥 두어라" 하시며, 나중에 먼 나라에 가서 여러 사람의 박수를 받으며 살 것이라고 예언하셨다.

4학년 때 서울로 올라온 뒤, 나는 을지로에 있는 김백초 무용연구소를 찾아갔다. "저는 돈이 없습니다. 대신 최고로 열심히 해서 다른 아이들을 가르치는 걸로 교습비를 대신하겠습니다"라며 당차게 협상했다. 10원 한 장 내지 않고 김백초 선생님께 현대무용과 한국무용을 고루 배웠다. 김백초 선생님은 최승희의 제자로 1953년 미국에 건너가 마사 그레이엄에게 현대무용을 배운 이였다.

대학을 졸업하고 1969년 미국으로 떠났다. 그리고 1972년, 미국에 도착한 지 4년 만에 카네기 리사이틀홀에서 첫 발표회를 가졌다. 연일 공연이 이어졌다. 〈뉴욕타임스〉가 호평을 썼다. 성공이었다. 그러나 무언가 미진했다. 환호 속에서 무대를 내려와 빈방으로 돌아오면 '너는 누구지?'라는 의문이 끊임없이 생겼다.

마침 뉴욕에 원각사라는 절이 생겼다. 숭산 스님이 오셨다. 찾아가 엎드렸다.

"고통 없는 피안의 언덕이란 것이 정말 있습니까?"

"있다"라는 대답이 돌아왔다.

머리를 깎겠다고 했더니 "너는 춤을 춰야지 머리를 깎으면 안 된다. 우선 독성을 열심히 하거라" 하셨다. 그래서 나는 앉으나 서나 경을 외고, 신묘장구대다라니를 외웠다.

한참 후 큰스님을 뵙고 여쭈었다.

"참선은 꼭 앉아서만 해야 합니까?"

스님이 답하셨다.

"아니지, 선에는 좌선도 있지만 행行선도 있다. 걷는 주走, 말하는 어語, 눕는 와臥, 빨리 움직이는 동動, 입을 다무는 묵默이 다 선이 될 수 있다. 떠오르는 생각과 마음자리를 관觀할 수 있으면 그게 뭐든 다 선이다."

그 대답이 깨달음이었다. '그렇다. 춤도 곧 선이 될 수 있다. 춤 선!'

선무는 이때부터 시작되었다. 진작부터 내 안에 싹을 틔웠던 동작들에 단전호흡과 명상, 나중에는 손가락을 사용하는 무드라를 도입했다. 숭산 스님께 주력을 배웠고, 송담 스님께 화두에 드는 법과 단전호흡을 배웠다. 범어사 양익 스님께는 밀교의 수인법을 배웠다.

몸은 마음을 끌고 다니고 마음은 몸 안에 있으니, 춤으로 몸이 풀리면 마음에 맺힌 번뇌도 덩달아 풀린다. 반대로 마음에 쌓인 울화가 풀리면 몸에 맺힌 울혈도 함께 풀려 나간다. 선무는 춤이되 약이다. 예술이되 의학이다. 사람의 몸과 마음에 똑같이 작용해 맺힌 의식을 해방시킨다.

1996년 선무 〈바라밀다〉 시리즈가 링컨센터 라이브러리공연예술전시관에 영구 소장되기로 결정됐다. 원하던 목표였다. 드디어 내가 만든 춤의 가치를 세계적으로 공인받은 것이다. 그러자 미친 듯이 한국이 그리웠다. 망설이지 않고 딸을 설득해 한국으로 돌아왔다. 그러나 한국에서 나의 기반은 너무도 빈약했다. 그러나 나는 오케이다. 좋은 예술은 결국 알려지게 마련이다.

나는 지금 포천중문의대 보건복지학과와 대체의학과에서 대학원 학생들을 가르치며 환자들을 직접 만나고 있다. 선무동작을 이용해 여성암, 요통, 갱년기 장애 등을 예방·치료하겠다는 시도는 자기 안에서 우주의 근원을 발견하는 힘을 기르자는 것이다. 그 힘의 근원을 깨닫고 명상하자는 것이다.

이건 굳이 불교가 아니다. 어느 종교든 명상이 기본이다. 미국에서는 가톨릭 신자들도 선무에 전혀 거부감을 갖지 않았는데, 한국에선 배타적이어서 당황스럽다. 그럴 바에야 불교신자들에게라도 적극 알려 보고 싶다.

집 안에 법당을 꾸미고 송담 스님이 정식으로 점안해주신 본존불을 모셨다. 그 앞에 향을 피우고 매일 아침 정식 예불을 올린다. 벽에는 어머니 사진과 함께 정신적 스승인 경허, 만공, 송담, 전강 스님의 사진을 나란히 걸어 두었다.

너무 멋진 부처님

– 이인자 | 경기대학교 명예교수

내가 절에 가는 것은 사월초파일과 일요일에 생일을 맞은 가족의 생일불공을 올리려 가시는 어머니와 동행하는 것이 고작이었다. 어머님은 부처님 앞에서 108배를 하고 또 하면서 오로지 외동딸만을 위해 기도하셨다.

"제 딸 인자는 저렇게 천방지축이고 오만하니 걱정입니다. 제발 사람 만들어주옵소서." 그리고 결혼 후에는 "손자 낳게 하여주시옵고", 직장생활을 활발히 할 때는 "관제구설 없이 모든 일이 원만성취하도록 가피를 주옵소

◆ 이인자(법명 능인행)

1940년 출생 | 홍익대학교 공예학부(도안 전공) 졸업, 동 대학원 공예도안과(시각디자인 전공) 석사, 한양대학교 대학원 응용미술과(시각디자인 전공) 박사 | 경기대학교 예체능대학장 및 조형대학원장, 불교여성개발원 초대원장 역임 | 현재 경기대학교 명예교수, 불교여성개발원 고문, (사)지혜로운여성 이사

서"라고 기원하셨으리라.

그러면서도 어머님은 나에게 불교를 믿어야 한다든가 절에 가자든가 하지는 않으셨다. 다만 위험할 때, 화가 날 때 또는 급할 때는 "관세음보살" 하고 염하라고 이르셨다.

그러나 나는 그렇게 하지 않았다. 그 이유는 부처님이 탄생하실 때, "천상천하유아독존"이라고 하신 말씀을 이해하지 못해서였다. 모든 이들이 우러러 받들고, 성인이라 일컫는 분인 부처님이 당신만이 천상천하유아독존이면 나는 무엇이라는 말인가, 또 모든 사람들 역시……. 그런데 그 말씀은 '모든 사람'이 천상천하유아독존이라는 뜻이라는 일깨움에 깜짝 놀랐다. 이럴 수가! 와 부처님은 너무 멋져!

1960~70년대의 자가용 기사는 운전하는 일 말고도 밤늦게까지 손님 접대하는 주인을 기다리고, 토요일 일요일도 없고, 시장도 보고, 마당도 쓸어야 하는 허드렛일까지 해야 했다. 그래서 자신의 사생활은 없는 종 같다는 생각이 들었다. 그래서 나는 남편에게 손님 접대할 일이 있으면 시간을 정해서 약속을 하라고 했다. 그렇게 인권이라고는 없는 듯한 사람들, 비천해 보이는 사람들까지도 부처님에게는 다 천상천하유아독존의 존귀한 존재라 하시니……. 석가모니 부처님은 그렇게 큰 분이셨구나. 나는 부처님을 찬탄할 수 있는 어떤 수식어도 찾을 수가 없었다. 그 뒤로는 석가모니 부처님을 생각하면 가슴이 파르르 떨렸다. 내가 부처님 당시에 태어났다면 부처님을 우러러 뵙기만 해도, 그리고 부처

님 가사만 스쳐도 행복했을 것이다. 한 번은 한 선배에게 아마도 난 비구니스님이 되었을 것이라고 말한 적이 있다. 그 선배는 걱정하지 말라며, 부처님은 시공을 초월하므로 지금 우리 곁에 항상 계시니, 지금이라도 늦지 않았다고 했다. 그때부터 부처님의 가르침을 공부하고 수행하면서 지혜가 조금씩 아주 조금씩 쌓이는 것 같다.

새벽에 《천수경》과 《반야심경》을 봉독하고 108배를 한다. 온몸에 흐르는 땀을 시원하게 씻고 난 뒤의 그 상쾌함은 하루 종일 일상생활에까지도 이어진다. 오늘도 나는 어머님의 말씀대로 "관세음보살"을 염하면서 살고 있다. 급할 때나 위험할 때는 물론, 특히 화가 날 때 관세음보살님을 염하면 화가 스르르 가라앉는다. 그래서 부처님을 가슴에 품고, 그분의 가피를 입으면서 날마다 행복하게 살아가고 있다.

나무 석가모니불, 나무 석가모니불, 나무 시아본사 석가모니불.

시련 뒤에 이어받은
시아버지의 아침 독경

− 김복순 | 동국대학교 경주캠퍼스 국사학과 교수

불교는 내 삶에 소리 없이 자리하여 슬그머니 생활이 되어버렸다. 하지만 돌이켜보면 아주 계기가 없었던 것도 아니다. 어려서 할머니를 따라 절에 가던 기억 이후, 내 의지로 절에 간 것은 고2때 불교학생회 수련회로 기억한다. 1970년 여름, 수원 용주사에서 수련회를 마치고 절문을 나와 버스를 타러 가는데 귀에서 목탁소리가 울려 왔다. 처음으로 밤새워 참선을 하면서 일종의 용맹정진이라는 것도 흉내 내 보고, 절은 왜 하는지 등 여러 가지를 배우며 보현이라는 법명도 그때 받았다.

그 전해 겨울, 동덕여고 불교학생회 창립법회에서 무진장 스님이 설해주신 삼법인三法印, 사성제四聖諦, 팔정도八正道의 법문이 뭔가 인생의 정리된 내용을 간절히 원하던 고1의 내게 그야말로 감로수였다면, 수련회는 그것이 체화되는 첫 번째 계기였다.

그 뒤부터 불교와 관련된 책이라면 가리지 않고 읽었다. 특히 현암사에서 나온 《아함경》이 제일 크게 기억으로 남아 있다. 법대에 가고 싶었던 나는 김재영 선생님의 권유로 사학과를 갔고, 대학에서도 대학생불교연합회 활동 등 불교와 관련된 여러 일들을 하며 지냈다. 하지만 다른 이들과 어울리는 것보다 혼자 책을 읽는 것을 즐겨 역사와 불교를 함께 공부할 수 있는 대학원에 진학했고, 이 무렵 한문 선생님을 만나 《소학》부터 지도받으면서 《사서삼경》을 배웠다. 주자학에서 불교를 비판하는 것이 마음에 걸리면서도 생활하는 측면에서라면 능히 있을 수 있는 일이라고 생각하며 덤덤히 받아들였다.

한편으로는 지관 스님께 〈사산비명〉과 같은 불교 금석문과 《화엄경현담》을 여러 해에 걸쳐 수학한 시기기도 하다. 이 무렵은 결혼도 하고 두 아이를 낳아 기르면서 매일 아침 시아

◆ 김복순(법명 보현)
1954년 출생 | 재적사찰 : 보리사 | 고려대학교 사학과 졸업, 동 대학원 석사·박사 | 현재 경주시 문화재영향평가 전문위원, 동국대(경주) 국사학과 교수, 불교학연구회 부회장

버님의 독경소리를 무심히 듣고 지낸 행복한 시간이었다.

학위를 받고도 십 년 넘게 하던 강사생활을 접고 지방에 교수로 내려오면서 새로운 생활이 시작되었다. 아버님이 떠나신 빈자리는 여러 시련을 겪고서야 내가 대신하게 되었다. 매일 아침 독경하는 시간은 그동안 불교 역사를 주로 공부해 온 내가 신심을 체화하는 두 번째 계기였고, 덕택에 많은 원을 이룰 수 있었다. 그 가운데 기숙사 법당 신축과 부처님 봉안은 가장 뜻 깊은 일이었다.

사찰에서, 사회에서, 집에서, 많은 이들이 봉사를 하며 사회를 맑히고 있다. 허나 나는 시간이 없다는 핑계로, 집안일을 먼저 해야 한다는 이유로, 단지 몇몇 단체에 내는 후원금 몇 푼으로 위안을 삼으며 연구실의 책상에 앉아 있었다. 그러던 내게 생활관 관장 소임이 주어지면서 또 다른 경험의 시간이 왔다. 천여 명에 가까운 학생들의 숙식을 관리해야 한다는 부담에 무턱대고 생활관 아침예불부터 참석했다.

그러나 부임 1주일 만에 여학생 낙사사고가 생겼고 나는 여자 관장이라는 이유로 두 배의 홍역을 치러야 했다. 다행히 기숙사 법사스님과 직원들의 노력으로 원만히 수습될 수 있었다. 이때부터 아침 6시 예불에 참석하고 기숙사 전체를 돌아보는 것이 일과의 시작이 되었다. 한 학기의 예불이 백일 기도가 된 것이다. 그런데 남동과 여동의 법당이 나뉘어 있어 공간이 좁고 여법하지 못해 법당 신축 문제가 자주 제기되곤 했다. 그러다가 3학기가 지나 기숙사 법당을 짓고 부처님을 모시면서 또 하나의 원을 이루게 되었다.

여선생이라 학교 일과 집안일을 함께 하면서 하는 불교 공부여서 더욱 소중하게 생각되는지도 모른다. 그러나 이 모든 것이 예불과 독경으로 마음을 가다듬을 수 있는 짧은 정진의 시간 위에 있기에 즐거운 것이 아닐까 생각한다.

한국불교와 나눔의 도리를 생각하며

- 김애주 | 동국대학교 영문학과 교수

늦가을부터 겨울 내내 줄곧 비가 그치지 않는 시애틀에서 생활한 지도 벌써 7개월이 지났다. 지난해 8월부터 일 년간 워싱턴대학University of Washington방문교수로 시애틀에서 지내게 된 나는 도착하자마자 근처의 한국 절을 찾느라 한인 주소록을 몽땅 뒤졌다. 무려 150개가 넘는 교회 주소 끝에서 마침내 5개의 절을 찾아냈다. 미국에 와서도 절에 나가느냐는 동료 방문교수들의 핀잔과, 자주 비가 와서 미끄럽기 짝이 없는 하이웨이를 한 시간 가량 운전해야 하는 번거로움을 무릅쓰고 법당에 앉는다. 고요히 숨을 고르면 금방 마음이 편안해지고 내부가 꽉 찬 듯 충만감이 느껴진다. 이제 나도 제법 불법의 향기에 젖은 모양이다.

사실 미국 다른 지역도 마찬가지겠지만 여기 시애틀에 사는 한국 교민들과 유학생들은 대부분 교회에 다닌다. 한국에서 불교 신자였던 사람들도 개종하는 경우가 많고, 심지어 불교 신자인 방문객들조차 미국에서 생활할 동안만은 교회에 나가는 일이 허다하다. 이유는 간단하다. 교회는 이민자들, 방문객들에게 경제적인 활동, 이웃을 만들 수 있는 공간을 제공한다. 또 어느 정도 정착하고 나면 다소 시들해질 수 있는 초발 신앙인들을 끈끈하게 응집하는 네트워크를 가동한다. 한 마디로 교회는 먹고 사는 문제, 심리적인 소속감, 자녀 교육에 필요한 정보를 제공하는, 매우 실질적이고 다목적적인 종교 단체다.

반면 절은 사람들의 생존 문제에 무심하다. 불교의 특성이 자아에 몰두하고 그 깨침에 이르는 것이므로, 인간관계나 상호개발에 가치를 덜 두는 성향이 있음을 부인할 수 없다. 그래도 이국 땅에서 신도 수가 적은 옹색한 절을 보면 뭔가 새로운 방식이 필요하다는 생각이 절로 든다. 그렇지 않으면 드높은 불법의 씨앗

◆ 김애주(법명 법오해)
1958년 출생 | 재적사찰 : 정심사 | 동국대학교 영문학과 졸업, 동 대학원 석사 · 박사, San Francisco State University 수료 | University of Washington 교환교수 | 현재 동국대학교 영문학과 교수, 한국영어영문학회 회원, Toni Morrison Association 회원, Association of Asian American Studies 회원

이 뿌리내릴 수도, 꽃필 수도 없기 때문이다. 나 자신을 찾기 위해 방황하다가 '아! 이 길이면 마음의 평화를 누릴 수 있겠구나' 하고 내가 선택한 길이 불교가 아니던가.

우리 모두는 나름의 방식으로 정신적인 기쁨을 누릴 수 있는 길을 찾고 있으며, 나를 비롯한 불교인들은 절을 하고, 경을 읽고, 명상을 하고, 화두를 참구하면서 진정한 길을 발견했다고 생각한다. 그리고 가끔씩 형용할 수 없는 충족과 기쁨을 느낀다. 내가 맛보는 이러한 평화와 기쁨의 방식을 남들도 체험할 수 있는 터전을 만들어야 하지 않을까 생각해 본다.

자연 환경이 우리나라보다 훨씬 좋고 일상의 삶이 덜 복잡하고 풍족하다고 해도, 미국 교포들의 삶은 고단하고 외로워 보인다. 일주일에 하루, 단 몇 시간이라도 동포들과 함께하면서 마음을 나누고 싶어 하는 그들에게, 불교는 자아를 찾아가는 힘겨운 길 말고도 편안한 휴식의 장소였으면 좋겠다. 마음이 울적하면 언제라도 찾을 수 있는 개방된 곳, 잡다한 근심거리를 나눌 수 있는 치유의 장소, 그리고 2세들에게 생소하기 짝이 없는 한국 문화가 얼마나 멋스러운지 체험할 수 있는 문화의 공간이 되었으면 한다. 깨침과 나눔을 함께 아우르는 것이 바로 불교의 근본이 아니던가.

열린 깨달음의 길을 가고 싶다

- 이규미 | 아주대학교 교육대학원 교수

내가 여성 불자 108인 가운데 한 명으로 선정되었다는 것은 여성을 대표하는 불자라기보다 여성 불자로서 모범을 보이며 앞으로 나가라는 인연의 뜻을 담고 있다고 생각한다. 우리 주변엔 소리 없이 불법을 실천하며 살아가는 많은 모범적인 여성 불자가 있기 때문이다. 나는 이럴 때 당나라 덕산 스님이 만났다는 떡장사 할머니를 떠올리곤 한다. 이렇게 알려지지 않은 불자들의 존재가 우리 불교의 힘일 것이다. 그러니 여성 불자 108인이라는 타이틀은

◆ **이규미(법명 자용심)**
1954년 출생 | 재적사찰 : 무공선원, 봉은사 | 이화여자대학교 심리학과 졸업, 동 대학원 석사 · 박사(상담심리 전공) | 현재 아주대학교 교육대학원 상담심리전공 주임교수, 한국상담심리학회 회장, 성폭력상담센터장, 불교상담개발원 자문위원

나에게 과분할 뿐이다.

우리 어머니는 조용한 실천 불교인의 한 분이시다. 연로하신 지금도 매일 새벽 5시면 조용히 일어나 향을 피우고 불경을 읽으신다. 그러나 한 번도 당신이 어떤 불경을 읽으시는지, 당신의 불심이 어떠한지 자랑하시는 모습은 접한 적이 없다. 이런 모습이 내 신앙에 많은 영향을 주었음은 분명하다. 아동기까지 할머니와 함께 살았던 내 조카가 초등학교 때 쓴 글에도, 불경을 읽는 할머니 모습에 대한 존경심이 담겨 있다.

그럼에도 교회 성가대 활동을 했을 만큼, 나는 종교적으로 매우 자유로운 어린 시절을 보냈다. 대학도 미션스쿨을 다녔는데, 종교에 관심이 높았던 나는 기독교문학 수업에서 가장 좋은 평점을 받았을 뿐 아니라, 재학기간 내내 채플 시간을 매우 좋아했다. 그러나 종교에 관심이 많았을 뿐 분명 기독교인은 아니었다.

불교를 체계적으로 접할 기회를 찾고 있던 나에게 기회가 온 것은 20대 중반, 첫 직장을 나와 잠시 쉬던 때였다. 오늘날엔 그런 기회가 많지만 그때만 해도 그렇지 못했던 것으로 기억하는데, 우연히 조계사에서 불교교양대학이 열린다제1기인 듯는 소식을 들었다. 무진장 스님, 향봉 스님, 그리고 인기 만점의 그러나 성함을 잊어버린 어떤 스님 등. 많은 분들의 가르침을 접하면서 그야말로 초발심에 환희심까지 넘치는 즐겁고 의미 있는 시간을 보냈고, 집에 돌아와서는 매일 어머니와 불교에 대한 이야기를 나누곤 했다.

그 뒤부터 부처님의 가르침은 내게 든든한 버팀목이 되었다. 마음이 어지럽고 복잡할 때마다 부처님 앞에 엎드리는 식으로 신앙생활을 했고, 사실 그것은 큰 힘이 되었다. 물론 이상적인 불자의 모습은 아닐지라도 부처님에 대한 '믿음'은 스스로 깨닫고자 하는 욕구보다 더 강한 끈이 되었다.

부처님께 더 가까이 가게 된 것은 나 혼자 경험한 밀레니엄 버그 때문이었다. 밀레니엄을 맞이할 때 나는 박사과정을 마치고 심한 심리적 공허감을 느끼고 있었다. 몸과 마음이 다 지쳐서 좌충우돌하고, 실제로 몸이 성한 데가 하나도 없는 것처럼 느껴졌다. 그러던 중 우연한 기회에 한 출판물을 접했는데 그에 담긴 소박하고 단순한 글에서 묘한 위안을 받았다. 그 출처를 봤더니 금강경독송회였다. 그래서 읽기 시작한 것이 《금강경》이었다.

《금강경》을 읽으면서 그렇게 복잡하고 성한 데가 없던 몸과 마음이 고요해지고, 더 나아가 힘까지 생기는 걸 경험한 것이다. 나는 마치 생명수를 얻은 것처럼 읽고 또 읽었다. 여러 해설서를 읽고 가까운 사찰에 가서 스님들이《금강경》에 대해 법문하신 테이프를 빌려다 듣곤 했다. 그리고 그 진리를 깨닫기 위해 명상으로 많은 시간을 보냈다. 마치 개안開眼을 한 듯, 나와 나를 둘러싼 많은 것들이 있는 모습 그대로 나타나는 새로운 경험을 했다. 그 기쁨, 나는 언젠가 그 경험을 좀 더 깊이 연구해 보고 싶은 원願을 갖고 있다.

나는 불자로서 해 놓은 것도 자랑할 만한 것도 없는 사람이다. 그러나 여성 불자 108인으로 선정되었다고 했을 때 나는 앞으로 불자로서 나만의 깨달음 이상으로 어떤 일을 하라는 명령을 받은 것이라고 내게 말했다. 소리 없이 그 일을 찾아서 해 나가는 불자가 되었으면 하는 바람이다. 그리고 나 역시 누구에게나 열려 있는 깨달음의 길을 가고 싶다.

절에 가면
현관부터 살피게 된 인연

– 이혜은 | 동국대학교 지리교육과 교수

2006년은 쌍춘년이라고 해서 많은 사람들이 결혼식을 올렸다. 쌍춘년이 지난 뒤에 맞는 첫 입춘이 얼마 전에 지났다. 쌍춘년 입춘 때는 해외에 있어서 직접 절에는 찾아가지 못했지만, 내게는 입춘에 대한 잊지 못할 추억이 있다.

1970년대 중반 입춘 때였던 것으로 기억한다. 그 날은 입춘시가 매우 일러 새벽에 절에 가기 위해 집을 나선 어머니께 전화가 왔다. 잊어버리고 온 것이 있으니 가져다 달라는 전화였다. 외가의 종교가 불교여서 어머니께서는

◆ 이혜은(법명 진여성)

1952년 출생 | 재적사찰 : 봉은사 | 이화여자대학교 지리학과 졸업, 동 대학원 석사, 미시간주립대학교 지리학과(Ph.D.) 박사 | 한국도시지리학회 회장 역임 | 현재 동국대학교 지리교육과 교수, ICOMOS(국제기념물유적협의회) 집행위원, 문화재청 문화재위원회 사적분과 전문위원, ICOMOS 한국위원회 부위원장, 서울문화사학회 부회장

어릴 때부터 흥천사에 다니셨다. 그 곳에 갈 때면 가끔 외할아버지와 함께 절에 다니시던 이야기를 들려주곤 하셨다. 그 길은 우리가 지금 다니고 있는 도로와는 다른 길이었다.

과거 경관에 특히 관심이 많은 나는 산을 넘어 다니셨다는 길을 유심히 살펴보고, 과거에 이 곳이 어떠했다는 이야기에도 귀를 기울였다. 지금은 도시 개발로 말미암아 주변에 집도 많이 늘어나고 흥천사 앞을 고층 아파트가 가로막고 있지만, 그때는 산사의 느낌을 그대로 느낄 수 있었다.

그로부터 25년 정도의 세월이 흐른 뒤, 어머니 49재를 그 곳에서 지냈다. 그러던 어느 날 우연히 봉원사 대웅전 현판이 5대 종조부께서 쓰신 글씨임을 알게 되었다. 어머니 49재 때는 특별히 초청되어 오신 봉원사 스님께서 상좌들과 함께 하루 종일 재를 지내주셨다. 이는 우연이 아니고 조상님 때부터의 인연이란 생각이 들었다.

그 뒤에 일부러 봉원사를 찾아 대웅전 현판을 자세히 살펴보았고, 어머니께서 돌아가신 뒤로는 일 때문에 들르는 아시아 각 지역 불교 사찰을 빼놓지 않고 방문하는 습관이 생겼다. 또한 전라도 지방의 사찰에 6대 종조부께서 쓰신 현판이 곳곳에 있음을 알게 되었다. 어떤 사찰에는 원본이, 어떤 사찰에는 모사본이 있었다. 교과서에 나올 만큼 명필이셨던 종조부시지만 유교 집안이었으므로, 사찰 현판 글씨를 쓰셨으리라고는 생각 못했던 터라 반갑기도 하고 새삼 후손의 위치를 깨닫게 되었다.

이제는 어떤 사찰을 들르든 먼저 현판부터 살펴보는 버릇이 생긴 것은 어쩌면 그런 분의 후손으로서 마땅한 도리가 아닌가 한다. 앞으로 종조부님의 흔적을 찾는 일이 내 할 일 가운데 하나라고 다짐하게 된 것도, 기회가 될 때마다 절을 찾게 되는 것도, 내게는 불교가 조상님 때부터의 인연이었음을 새삼 느끼게 해준다.

내 안에 이미 계신 부처님

– 정영희 | 매사추세스대 초빙교수

시어머님이 갓 60세를 넘긴 나이에 급작스럽게 돌아가셨다. 불심이 깊으셔서 김해 은하사 신도회장을 지내신 시어머니가 돌아가시자 당시 은하사 주지시던 대성 스님은 몇몇 스님과 함께 매일 아침 저녁으로 오셔서 염불 독경을 해주셨다. 그때 처음으로 목탁소리와 염불소리가 내 번뇌를 씻어 내리는 것을 느꼈다. 시집가서 처음 불교를 알게 되었지만 그때까지는 그저 시어머니를 흉내 내며 마지못해 불상 앞에서 절하는 기복 수준이었다.

중·고등학교와 대학교, 대학원 모두를 기독교 계통의 학교에 다닌 나는 12년 간 수업시간에 성경을 배우고 일주일에 한 번씩 학교 예배에 참석해야 했다. 그러는 사이에 비록 기독교를 그다지 좋아하지 않았지만 나도 모르는 새 나의 내면에는 기독교가 습이 되어버렸다. 마흔 살이 다 되어 뭔가 정신적 의지처를 찾으려 할 때, 교회로 다가가려는 내 마음을 보면서 새삼 그 사실을 확인할 수 있었다.

그러나 내 학생기록 카드의 종교란에는 항상 '없음'이라 적어 냈다. 친정집은 아무도 종교를 믿지 않았다. 중학교 1학년 성경시간에 교목이 들어와 "너희들은 죄인"이라며 인간의 원죄를 강조했을 때, 나는 그것을 받아들일 수 없었다. 구약성경에 나오는 하나님은 비록 요즘 구약성경을 문학작품으로 받아들이는 경향이 지배적이긴 하지만, 당시 어린 내 생각에는 차라리 자비로운 사람보다도 못한 편견과 아집의 신이었다.

그럼에도 불구하고 12년이란 세월은 불교를 우상숭배의 종교로 믿게 만들기에 충분했다. 더구나 초·중·고 시절, 봄가을 소풍 때 기웃거려 본 절은 한결같이 울긋불긋한 불당과 금빛 불상이 촌스러운, 낯설고 미개해 보이는 곳이었다.

그런데 인연법은 참 묘했다. 마치 시어머

◆ 정영희(법명 자인성)
1954년 출생 | 재적사찰 : 불광사 | 이화여대 영어영문학과 졸업, 동 대학원 영문학과 석사, 고려대학교 대학원 영어영문학과 박사 | 위덕대학교 영어학부 교수 역임 | 현재 불광사 분당법당 교무, 매사추세스대 초빙교수

님의 불심이 마지막으로 나를 이끈 듯, 당신의 49재를 지내는 동안, 나는 조금씩 불교의 참모습에 가까이 다가갔다. 은하사에서 매주 토요일마다 재를 올리면서 《금강경》을 봉독했다. 처음 만난 금강경은 알 수 없는 한자로 가득한 불경에 불과했다. 다른 사람들이 한자로 소리 내어 읽을 때 나는 경전의 한 귀퉁이에 아주 조그맣게 적혀진 한글을 나 혼자 입속으로 웅얼거리며 읽어 보았다.

나는 깜짝 놀랐다. 그때 내가 이해한 《금강경》은 "항상 여호와를 믿어라, 믿지 않으면 지옥에 떨어진다"라고 저주하는 독선적인 성경과는 너무 달랐다. 비유와 상징으로 가득 찬 한 편의 시詩였으며, 강을 건넌 뒤 뗏목을 버리고 가듯 깨달은 뒤에는 다 버려야 한다는 수준 높은 가르침을 담고 있었다.

나는 그저 놀랐다. 어떤 종교가 자기 종교의 창시자와 경전을 죽이고 버리라고 가르치는가? 《금강경》에서 내가 만난 불교는 기독교보다 몇 배 높은 차원의 종교였고, 《금강경》은 부정에 부정을 거듭하는 난해한 한 편의 시였다.

'아, 그게 아니었구나. 무지한 기복신앙의 무속과 같은 그런 종교가 아니었구나.'

그렇게 불교는 내 삶 안으로 들어왔다.

박사 학위 논문을 쓸 때였다. 흔히들 박사 논문 쓰는 일을 지옥 불을 통과하는 일에다 비유한다. 나도 논문을 쓰는 동안 뜨거운 불 속에서 죽지 않고 살아남기 위해 그저 있는 힘을 다해 부처님을 움켜잡았다. 부처님은 내가 잡은 힘만큼 내게 되돌려주셨다. 정말 부처님은 항상 내가 다가선 만큼 가까이 다가오시는 분이셨다. 그때 만난 참선은 내게 평생의 원을 감히 확철대오는 못할지라도 초견성으로 삼을 만큼 아주 신비로운 마음공부의 문을 열어주었다.

그냥 절에 가면, 불경 공부를 하면, 또는 염불을 하고 절을 하면, 마음이 평화롭고 행복했다. 심리 치료도, 병원 치료도, 쇼핑도, 여행도, 친구들과의 수다도 불교 수행에 비하면 아주 낮은 수준의 해결책이며 순간의 기쁨이 되었다. 내 마음을 끊임없이 정화하며 나를 끝없이 모든 사람에게 되돌리려는 '마하반야바라밀' 염송은 자꾸만 이상에 떨어지는 나를 다시 끌어올린다. 순간순간 떨어지고 순간순간 올라선다. 저녁마다 나락으로 떨어지고, 아침마다 부처님 곁으로 올라간다.

아마 죽을 때까지 그런 과정을 되풀이할지도 모른다. 그런들 어떠하리. 다시 올라갈 부처님 옆자리가 있는 한, 나는 마치 계속 미끄러지는 바위를 계속 산 위로 밀어 올리는 시지프스처럼 지치지 않고, 올라갈 자리가 있다는 데 감사하고 행복해하며, 떨어지고 올라감을 되풀이할 것이다. 그러다가 어느 날 별안간, 나는 나의 그 되풀이되는 떨어짐이 저절로 사라졌음을 발견하고 놀라 기뻐하리라. 아! 내 안에 이미 계신 부처님이 언제나 나였음에 놀라워하며……

깊은 인연, 작은 실천

- 조은수 | 서울대 철학과 교수

불교와의 인연을 이야기하려면 평생의 이야기를 털어 놓아야 하니 부끄러움이 앞선다. 나는 어려서 불교를 만난 뒤, 그것을 전공해서 불교를 가르치는 것으로 업으로 삼아 살고 있으니, 다른 누구보다도 불교에 빚을 많이 지고 있다 하겠다. 모든 분들이 다 그렇겠지만, 내가 불교를 만나서 불교학 선생이 되기까지에는 굽이굽이 길목마다 기이한 인연들이 서려 있다.

대학 입시에 낙방하고 종로에서 재수하던 시절, 우연히 조계사에 들렀다. 두려운 마음으로 법당에 들어가 한 귀퉁이에 앉았는데, 왠지 모를 안도와 위로를 느꼈다. 나중에 부처님의 진리가 니르바나라는 말이 뜻하듯 불이 꺼진 상태, 즉 시원하고 적정한 상태로 상징된다는 것을 배우고는, 19세 때 내가 느꼈던 그 청량감이 떠올랐다.

그때가 아마 철나서 처음으로 내 발로 절에 간 경험이었다. 하지만 사실 어렸을 적에 보자기에 싼 양동이를 이고 산을 넘어 절에 가시는 어머니 옆에서 가벼운 짐을 들고 따라다니곤 했다. 어머니께서 이고 온 물건들을 정성스럽게 불단에 올려놓고, 자식들의 안녕과 집안의 평화를 위해 지성껏 절하시던 모습이 결국은 커서 나를 이 곳에 오게 했다는 생각이 든다.

하여간 나는 다들 부러워하는 대학에 진학했고, 입학하자마자 불교학생회 문을 두드렸다. 거기서 새로운 동학들을 만나고 불교 공부하는 재미에 몰두했다. 해인사로 여름 수련대회를 갔을 때였다. 무턱대고 선배들을 따라 삼천배도 하고 불교가 무엇인지 실제로 체험하느라 정신없이 시간을 보내고 있었다. 그런데 저녁 때, 갑자기 한 스님이 우리들이 다 모여 있는 큰법당에 오시더니, 각자 생년월일을 적어내면 법명을 지어주겠다고 하셨다.

다음날 저녁, 법당에 모인 우리들에게 그

◆ 조은수(법명 영정)
1958년 출생 | 재적사찰 : 달마사 | 서울대학교 약학과 졸업, 동 대학원 철학과 석사·박사, 미국 버클리대학교 철학박사 | 미시간대학교 교수 역임 | 현재 서울대학교 철학과 교수

스님은 한 사람씩 법명을 적은 종이를 나누어 주셨다. 내 차례가 되자 나를 쳐다보면서, "이 학생은, '여자라고 법명을 세 자로 짓지 말고 두 자로 지어주세요' 라고 했네. 지금 주는 법명 '보월화' 가 싫으면 마지막 글자를 떼고 '보월' 이라고 써도 좋아" 하며 껄껄 웃으셨다.

내가 써 낸 쪽지 내용을 친구들에게 들킨 나는 얼굴이 빨개졌다. 그러자 스님께서 예전에 보월이라는 매우 훌륭한 큰스님이 계셨다며 그분에 얽힌 이야기를 재미있게 해주시면서, 내게 그 큰스님 같은 사람이 되면 좋겠다고 하셨다. 그 바람에 나는 하늘로 올라갈 것처럼 기분이 좋아졌다. 나중에 알고 보니 그 스님이 바로 계율과 지계로 유명한 일타 스님이셨다.

나는 2학년 때 약학을 전공으로 선택했으나 정작 전공 공부에는 취미를 붙일 수가 없었다. 당시 70년대 말은 동양의 신비주의를 소개하는 책들, 이른바 영성을 다루는 책들이 유행하던 때였다. 동급생들이 하얀 가운을 입고 실험에 몰두할 때 나는 몰래 라즈니쉬 책을 꺼내 들고, 방금 읽은 구절에서 구름 사이의 간극을 보라는 말이 무슨 뜻인지 궁금해하며 유리창 밖으로 흘러가는 구름을 뚫어지게 쳐다보곤 했다.

어느 날 아는 스님을 따라 국립박물관 전시실에 가게 되었다. 함께 백자를 보면서 스님은 서양의 정신적 지도자가 된 불교 수행자들 이야기를 들려주셨다. 나는 곰곰이 생각했다. 그리고 그 공부가 하고 싶어 불교를 공부하러 철학과에 가기로 했다.

이제 와서 생각해 보면 그 결정이 내 인생에서 가장 큰 계기인 것 같다. 나는 고생 끝에 대학원을 철학과로 진학했고, 불교철학을 전공하게 되었다. 남보다 오래 걸려 석사를 마치고 박사학위를 하던 중, 인도 불교를 한문 경전으로 읽는 것에 답답증을 느꼈다. 그리고 다시 산스크리트를 배워서 원전으로 공부해야겠다고 결심했다.

당시 나는 결혼해서 어린 아이까지 있었는데, 무슨 용기로 그랬는지, 하여간 미국 유학길에 올랐다. 식구들이 가끔 방문했지만 아이를 혼자 키우며 대학원 공부를 한다는 것은 참 힘들었다. 지금 대학에 다니는 큰아이는 아직도 엄마에 대해 무척 원망이 많아, 그때 이야기만 나오면 미안한 마음을 금할 수가 없다.

학교에서 불교를 무려 이십 년 가까이 공부했고, 많은 석학들을 만나고 좋은 책들을 보았지만, 불교를 진정으로 접할 수 있었던 것은 다른 만남들을 통해서였다. 나는 많은 스님들과 선지식들을 뵐 행운을 얻었는데, 그 가운데 가장 중요한 사건은 버클리에서 공부할 때 캘리포니아 삼보사에 주석하시던 청화 스님을 만난 것이었다. 여러 차례 다른 지면에서 소개한 바 있지만 그 스님께 입은 은혜는 다른 사람이 짐작할 수 없는 것이다.

대부분의 스님들은 학문의 길을 중요치 않게 말씀하시는 데 비해 청화 스님은 내 공부를 끊임없이 격려해주셨다. 그 뒤 스님이 팜스프링스 지역 사막 한가운데 토굴에서 삼 년 묵언 정진을 하실 때 뵈러 간 적이 있다. 그때 필담으로 써주신 메시지를 지금도 기억하고 있다. 돌아가시기 직전 성륜사에서 뵈었을 때도 스님은 펄펄 나는 듯한 몸짓으로 옆방 서재에서 중요한 책들을 꺼내다 내게 보여주셨다.

박사 학위를 끝내고 운 좋게 미국 유수 대학의 교수가 되는 행운도 누렸고, 이제 모교에 돌아와 강의하고 있다. 가끔씩 나는 이런 생각을 한다. 이런 모든 일들이 부처님 가피가 아니면 어떻게 가능했겠는가라고. 그러나 나는 실제로 불교인으로서 수행과 실천에 대해서는 내세울 것이 없다. 경전과 논서를 읽고 논문을 쓰고, 불교철학을 가르치는 일이 내가 할 수 있는 작은 실천일 뿐이다.

현재 서구에서는 불교에 대한 관심이 크게 일고 있다. 웬만한 대학마다 불교 강의가 개설되어 수백 명의 학생들이 수강하고 있다. 불교의 연기적 사고방식은, 세계와 다른 사람을 대상으로서 이해하고 지배하려던 전통적 서구의 이원론적 사고방식에 대한 대안으로, 현대 사회의 여러 문제의 해결책을 제시할 수 있다고 많은 서구 지식인들이 믿고 있다. 이들은 불교의 세계관이 평화와 공생의 윤리를 제시할 수 있다고 보고, 전쟁과 폭력이 없는 평화로운 세계와 환경과 생명에 대한 자비를 실현하고자 한다.

나아가 이런 자비관은 평화롭고 행복한 마음, 즉 안심安心을 실천하는 사람들에게서만 나올 수 있다는 점에서, 개인의 행복과 사회의 평화가 유기적으로 실현될 수 있는 가능성을 불교에서 찾고 있다. 그에 비해 한국 사회에서는 불교를 그저 전통 종교의 하나로만 여기는 듯하다. 현대 사회에 불교가 제공할 수 있는 것이 무궁무진하므로, 나는 불교인으로서 이러한 인식이 한국 사회에 더욱 확산되기를 바란다.

구산 큰스님의 당부

- 최성은 | 덕성여대 미술사학과 교수

어릴 때 어머니는 서대문 영천의 선바위 절에 가실 때마다 나를 데리고 다니셨다. 고조부 때부터 다녔다는 선바위 절 주변에서 옛날에는 호랑이가 나왔다는 이야기를 들으며, 작은 집들이 다닥다닥 붙어 있는 꼬불꼬불한 골목길을 한참 올라가 산 중턱 절에 도착하곤 하였다. 그런 날은 어머니와 법당에 들어가서 함께 불공을 드린 뒤, 김부각 등 정갈한 반찬에 밥을 맛나게 먹고 돌아왔다.

대학 1학년생이 되어 '룸비니'라는 학생

◆ 최성은(법명 부동지)

1956년 출생 | 재적사찰 : 심곡암 | 이화여자대학교 영문학과 졸업, 홍익대학교 대학원 미술사학과 석사, 일리노이주립대학교 대학원 미술사학과 박사 | 현재 덕성여자대학교 미술사학과 교수 및 박물관장, 서울시 문화재위원, 문화재청 문화재전문위원, 대한불교조계종 성보문화재전문위원

불교동아리에 들어갔지만, 그저 별 생각 없이 토요일 법회에 참가하는 정도였다. 그러다가 대학 3학년 여름방학 때 아버님과 여행하다가 순천 송광사에 들렀는데, 안내해주신 지민 스님87년 입적께서 불교에 관심을 보이는 내가 기특했던지 《초발심자경문 강의》란 책을 보내주셨다. 그때부터 스님을 통해 불교를 조금씩 알게 되었고, 또 그 인연으로 대학원에서 불교미술을 전공하기에 이르렀다.

'77년 봄, 어머니와 함께 송광사에 내려가서 보살계를 받았다. 계를 주신 분은 구산 큰스님이었다. 사월초파일 고요한 새벽에 방장 스님이 계시는 삼일암 미소실에서 보살계를 받던 기억은 평생 잊히지 않는 추억이다. 스님은 내게 부동지不動地라는 법명을 주셨는데, 부동지는 '보살 십지菩薩十地' 가운데 제8지로, 불퇴전의 단계를 의미한다고 지민 스님께서 설명해주셨다.

구산 큰스님께서는 그 뒤로 우리 집에 오시기도 하고, 서울 법련사에 오시면 우리 모녀가 찾아가 뵙고 말씀도 자주 나누었다. 스님은 가끔 "세속 공부를 많이 하면 깨닫기 힘들다"라고 걱정도 해주셨다. 또 "매일 천수 쳐라"천수경을 외우라라고 당부하신 말씀도 기억에 남는다. 지금 생각하면 그렇게 높은 어른께서 20세를 갓 넘긴 내게 자상하게 마음 써주신 것이 너무 송구스럽고 감사할 따름이다.

불교미술을 전공하면서 마음고생을 한 적도 여러 번이다. 고려시대 불교조각에 관한 석사 논문을 다 쓰고 나서 송광사에 내려갔을 때의 일이다. 송광사

말사의 불교문화재를 조사하러 보림사에 들렀다. 보림사 뒤뜰에서 어느 거사님

이 주지 스님과 말씀을 나누고 있었는데, 우연히 들으니 나에 관한 말이었다.

"불교미술 공부를 스님들이 해야지, 어찌 속가俗家 사람이 하겠느냐"라는 내용

이었다. 나는 속상하기도 해서 마음속으로 다짐했다. '출가한 스님들은 깨달음

을 얻기 위한 공부를 하고, 출가하지 못한 나는 상像을 공부를 하는 것이다. 최

선을 다해 열심히 해보자!' 라고.

유학시절에도 또 한 번의 위기가 있었다. 지도교수님이 전공을 중국회화로

바꾸는 게 어떻겠느냐고 여러 번 권하시는 것이었다. 하지만 나는 불교와의 인

연 때문에 전공을 바꾼다는 것은 생각할 수도 없었다.

이처럼 공부를 하면서 힘든 일이 있을 때는 《반야심경》과 《고왕경》을 외우

고, 일요일 오전에는 기숙사에서 혼자 예불을 드리면서 마음을 다졌다. 하지만

깨달음을 위한 마음공부가 아니라 피상을 공부한다는 것에 대해 늘 회의가 일

었다. 이런 나를 격려해주시는 건 어머니였다. 어머니께서는 "불교미술도 불교

를 바르게 알리는 데 도움이 될 수 있다"라며 용기를 주셨다.

돌이켜보면, 지금까지 불교미술을 공부할 수 있었던 것은 부처님의 은혜와

가피 덕분이라는 생각이 든다. 또한 팔순의 모범 불자인 어머니 한도덕화 보살

님이 항상 딸의 건강을 빌며 평생의 도반으로 곁에서 지켜주시기 때문일 것이

다. 내 공부가 부처님의 모습을 대하고 절집과 가깝게 지내는 일이라는 사실에

항상 감사하며 살고 있다.

아이들의 미소에서 부처님을 보네

- 황옥자 | 동국대학교 경주캠퍼스 불교아동학과 교수

1987년은 내 인생에서 또 한 번의 전환점이 된 뜻 깊은 한 해였다. 동국대학교 경주캠퍼스에 불교아동학과가 개설되고, 유아교육을 전공한 내가 불자라는 점 때문에 불교아동학과 첫 교수로 임명되었기 때문이다.

불교와 인연을 맺은 뒤, 불교아동학을 연구하고 몸담게 된 계기는 이처럼 동국대 불교아동학과에 재직하면서부터다. 당시만 해도 불교아동학은 학문적 토대가 마련되지 않은, 즉 불교계나 유아교육 또는 아동학계에 거의 알려지지 않고 또한 관심을 못 받는 영역이었다.

나를 만나면 다른 대학 교수들이 내게 "불교아동학과는 뭘 가르치느냐?" "스님을 가르치는 곳이냐?"라는 등, 호기심 가득한 질문을 쏟아내며 난감하게 만들었다. 나는 그걸 설명하느라 열을 올리다 제풀에 지치곤 했다. 게다가 불교아동에 관한 전문 교재가 없는 탓에 강의하는 데 불편한 것은 물론 내가 하는 말 한마디와 행동 하나하나가 모두 주목의 대상이 되었다. 더불어 강의시간의 불교 관련 내용들은 학과 학생은 물론 스님 학생들에게도 민감한 사안이어서 가끔 부딪치는 일도 생겨 매우 긴장된 나날을 보내야 했다. 지금 같으면 이 모두가 관심과 사랑의 표현이라고 생각하고 관대하게 대응하거나 대범하게 웃어넘길 수 있겠지만, 그때는 모든 게 왜 그리 힘들고 예민하게 느껴졌는지 모른다.

그렇게 힘들고 어려운 시기를 버틸 수 있고 잊게 해준 것은 경전 독송이었다. 매일 아침 맑은 물 한 그릇과 한 줄기 향을 피워 놓고, 촛불 밝힌 방에 단정히 앉아 《천수경》, 〈관세음보살 보문품〉, 《반야심경》 등을 1시간 정도 독송했다. 그러고 나면 내 어리석음과 부족함에 생각이 미치고, 반성하고 참회하는 마음이 들면서 뜨거운 눈물이 쏟아지곤 했다.

◆ 황옥자(법명 금강심)

1945년 출생 | 재적사찰 : 경주 기림사, 백률사 | 숙명여자대학교 가정관리학과 졸업, 동대학원 아동복지학과 석사, 중앙대학교 대학원 유아교육학과 박사 | 현재 동국대학교(경주) 불교아동학과 교수, 명상치료학회 연구위원, 명상상담연구원 경주지부장, 열린유아교육학회 이사, 한국 종교교육학회 감사, 한국 STEP 부모교육센터 소장, 동국대학교 부속유치원장

"세월이 약이라고 하지 않는가?"

　먼저 불교아동학과 관련된 교재부터 만들어야겠다고 생각하고 교재 발간의 원을 세웠다. 그리고 강의를 시작한 지 8년 만에 마침내 《불교아동교육론》을 발간했다. 책이 발간되자 가장 먼저 기뻐하고 독려해주신 분들은 불교아동학과를 졸업한 스님들이었다. 내가 불교를 전공하지 않았기 때문에 내게 강의를 듣는 스님들께는 항상 미안한 마음이 있었다. 그런 터에 그 스님들의 격려가 무엇보다 고맙고 힘이 되었다. 이 모든 것이 내 자신의 힘이라기보다는 부처님의 가피로 인한 것임을 잘 안다.

　이제 불교아동학과가 창설된 지 어언 20년이 흘렀다. 지금은 여러 고난을 극복하며 이 자리까지 잘 견뎌 온 학과답게 어느 정도의 체계와 면모가 갖춰졌다. 훌륭한 교수진을 갖췄고, 불교 관련 논문이나 저서들도 많이 나오고 있어 보람과 자긍심도 느낀다.

　오늘도 창문 사이로 따사로운 햇볕이 스며드는 유치원 3층 법당을 향하는 어린아이들의 소란스런 발걸음과 재잘거림이 활기차다. 이제 2~3분 뒤면 등원하는 아이들이 손에 손을 잡고 한꺼번에 법당으로 참배하러 올라올 것이다. 부처님께 삼배를 올린 아이들은 막 경전 독송을 끝낸 내게도 "원장 선생님, 안녕하십니까!" 하고 인사를 건넬 것이다.

　난 그들의 고사리 같은 손에 준비해 둔 볶은 콩 몇 알씩을 간식으로 쥐어주며, "오늘도 즐거운 하루 되세요!"라며 품에 꼭 안아준다. 아이들은 내 품에서 마냥 행복한 웃음을 짓는다.

부처님을 알고, 불법을 믿게 된 나는 매일 이처럼 행복을 느끼며 감사의 기도를 드린다. 아이들을 위한 봉사의 삶을 살아가리라 서원하며, 그 방법을 어린 아이들에게서 보고 배운다.

진리의 본질 아미타불

– 백추자 | 호남대학교 호텔경영학과 초빙교수

나는 행복하다. 불법을 만났기에 행복하다.

나는 행복하다. 원통불법의 전통이 살아 있는 나라, 대한민국의 불자이기에 행복하다.

나는 행복하다. 두 분의 큰스님을 친견하고 세세생생 다하도록 받들며 가르침을 받을 수 있는 스승으로 모셨기에 행복하다.

1970년은 내 삶의 큰 전환의 해였다. 교회를 다니던 내가, 교회를 다니면서도 성경이나 설교나 교리에서 무언가 '이건 아닌 것 같은데……' 하는 걸 느끼고 회의에 잠기던 내가, 봉은사 다래헌 스님의 허락을 받고 찾아가 만나 뵙게 된 해였다.

5월이었다. 불문학 강의실에서 프랑스 실존주의 문학을 처음으로 접한 뒤에

'이거 불교사상 아닌가?' 하는 소박한 깨우침으로 설레고 있었다. 그 시절 다래헌으로 나를 인도해주신 당시 동국대 대학원생 호진 스님과 법경 스님을, 나는 인로왕보살引路王菩薩님들로 생각하고 지금도 잊지 못하며 감사드린다.

당시 동아일보 지면에서 다래헌 스님이 기고하신 〈마음의 등불〉이란 칼럼을 읽었다. 내 소감은 '아니, 이런 스님이 한국에도 계시나?' 하는 놀라움이었다. 효창동 하숙집을 나와 뚝섬 가는 버스를 서울역에서 갈아타고 뚝섬에서 내린 뒤 배를 타고 한강을 건넜다. 차안此岸에서 피안彼岸하는 긴긴 여정의 첫 출발이었다.

스님을 뵙고 돌아오는 길, 하늘에 뜬 초승달이 배에 실리고, 배는 물결에 몹시도 흔들렸다. 다래헌 스님께서는 풍랑이 거셀 때는 '큰 배母船'를 타야 하는데, '작은 배'를 탔더냐고 말씀하셨다.

'Strumund Drang질풍노도'의 시절―삶과 문학과 가난과 공부와 꿈이 빚어내는 어두웠던

◆ 백추자(법명 법운화)
1947년 출생 | 재적사찰 : 성륜사 | 숙명여대 불문학과 졸업, 동 대학원 불문학과 석사, 프랑스루앙대학교 대학원 DEA 과정 졸업, 파리 12대학교 대학원 박사 | 현재 호남대학교 초빙교수, 시인

시절은 다래헌 스님께서 밝히어 비추어주신 가르침의 등불로 조금씩 조금씩 '가을 아기'로 태어나 살아지기 시작하였다. 그 만남 뒤 파리 12대학교에서 학위 논문을 마칠 때, 이 멀고 먼 등불에게 가슴 깊은 진실에서 우러난 헌사를 바쳤다. 유학을 떠나오기 전 불일암 스님께서 대학원 지도교수가 누구였느냐고 물으셔서 나는 다래헌 스님이라고 대답했었다. 알베르 까뮈의 부조리의 철학과 근본불교를 비교 연구한 내용이기에 박사 학위 논문 내용과 전개에는 청화淸華 큰스님의 '불이법문不二法門'이 태양과 같은 빛을 내려주셨다.

이 논문은 20세기 프랑스의 거대한 시인 '폴 엘뤼아르'의 작품에 나타난 빛을 근거로 한 실천적 진리였는데, 처음 이 주제를 선택한 것은 《금강경》〈제32 일합리상분一合理相分〉에서 받았던 영감이 컸기 때문이다. '실천적 진리'를 공부하다 보니 진리의 본질은 바로 '아미타불'이었다. 나는 산스크리트까지 혼자서 독학해 가며 결국 확신에 이르렀다. 그런데 프랑스 국립릴르대학교 출판부에서 이 논문을 단행본으로 출간해서 프랑스 국내와 국외에 배포를 하겠다는 기쁜 소식을 내게 전해주었다. 공부를 끝내고 귀국한 지 1년 만이었다.

나도 그 책을 50권 사서 그 가운데 한 권을 청화 대종사淸華大宗師님께 바쳤다. 이제 내 소원은 단순한 직선이다. 두 분 스승께 받은 그 깊고도 찬란한 불법의 공덕功德을 원만하게 회향하는 일뿐이다. 조고각하照顧脚下 — 비록 좁은 발 밑만을 밝히는 밝음이라 할지라도 작은 등불이 되는 길뿐이다.

몽골에서 문화 전사들을 키우며

– 김선정 | 몽골불교미술대학 교수

나는 푸레바트 라마와 제자들이 공산시절에 파손된 몽골의 불교와 전통문화를 다시 일으키는 일들을 도우며 몽골에 살고 있다. 죽도록 해도 끝내기 힘들 것 같은 이 일의 목적은,

– 무기를 버리고 해탈을 쟁취했던 대몽골의 영웅들이 성취한 업적을 정리해서 영광스럽게 드러내고,

– 세상이 거의 모르고 있는 몽골의 문화유산을 인류의 유산으로 공유하여,

– 인류가 추구해야 할 진화의 방향이 바깥

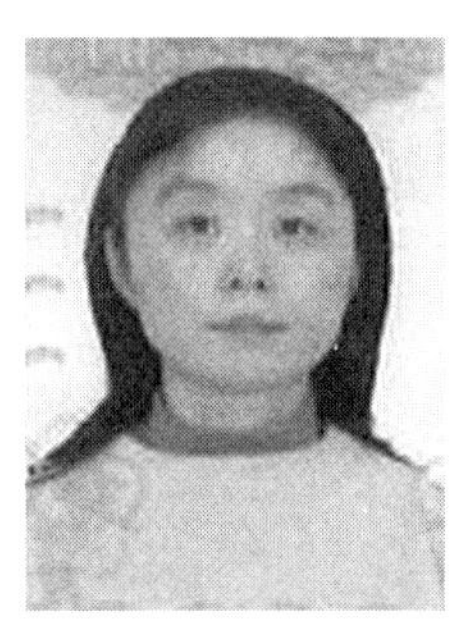

◆ 김선정(법명 선정)

1969년 출생 | 재적사찰 : 몽골 간단사 | 홍익대학교 동양화과 졸업, 이만봉 스님 문하에서 한국불화 수업, 강청화 큰스님께 보살계와 법명 받음, 인도에서 달라이라마 궁정화가 상계예세 스님 문하에서 티베트 불화 수업, 규도 밀불교대학 게쉬 쌈텐 스님 문하에서 만다라 수업 | 현재 몽골불교미술대학 교수

을 향한 물질이나 폭력이 아님을 깨우치게 하는 것이다.

대몽골의 전사들은 세계를 제패함으로써 물질과 힘의 차원에서 최정상의 허망함을 일찍 체험했기 때문에 쉽사리 무기를 버리고 불살생의 계를 지닌 승려가 될 수 있었다. 승복으로 갈아입은 전사들은 지구의 영토 조각들이 아니라 삼천대천세계를 제패하기 위해 각자의 내면에 있는 적들과 치열한 전투를 벌였다.

오늘날 '몽골 불교' '밀불교' '금강승' 이라고 칭하는 내면의 전투들을 통해 몽골의 전사들은 미술, 음악, 문학, 과학, 의학, 점성학 등 엄청난 불교 문화유산을 전리품으로 축적하며 발전시켰다. 그 내용은 아직도 세상에 드러나지 못하고 있다. 1936년에서 1938년까지 행해졌던 무시무시한 스탈린 정권의 불교 말살이 있기 전까지, 몽골은 남자 인구의 3분의 1이 승려들이었고 1천여 개의 큰 사찰들이 황금과 보석으로 찬란했던 동화 같은 나라였다.

달라이 라마께서 티베트 난민들의 망명정부를 이끌고 계신 인도 다람살라에서 몽골에서 유학을 온 푸레바트 라마를 만나, 1991년부터 함께 공부하고 자료들을 모았다. 1994년 봄부터 몽골에서 라마를 도와 몽골불교미술대학과 몽골전통미술문화원을 설립했다. 학생들을 문화의 전사로 교육하는 한편, 지금까지 6천여 점의 불교 미술품을 제작해서 보유하고, 2백만 점에 가까운 고미술품을 수집해서 소장했다. 뒷날 이 소장품들로 대학 박물관을 건립하면 불교학자들이 반드시 다녀가야 할 세계적 명소가 될 것이다.

　　몽골불교미술대학은 지금까지 2회에 걸쳐 40여 명의 졸업생을 배출했다. 일부 제자들은 고향으로 돌아가 지방문화원을 열어 지역 불교와 전통문화를 보존하고 발전시키는 일들을 하고, 일부는 학교에 남아 후배들을 가르치고 있다.

　　전통미술문화원은 라마가 번역한《법화경》《보리도 차제》《부처님 일대기》 등을 현대 몽골어로 번역해 책으로 펴냈다. 이 책들은 인연이 수승한 한국 보시자들의 도움으로 몽골에서 처음 발행된 질 높은 불서들로, 불교가 다시 일어서는 근간이 되고 있다.

　　현재는 동안 라마가 집필해 온 50여 권에 달하는《대몽골 미술전집》을 하나씩 편집해서 책으로 만들어내는 일을 하고 있다. 방대한 자료와 내용들을 현대인들이 편안하게 볼 수 있는 책으로 편집하는 작업도 쉽지 않지만, 목차와 그림 설명만이라도 한글과 영어로 번역해 넣으려고 노력하고 있다.

　　학식도 외국어도 부족한 나로서는 4 내지 5개 국어를 다루며, 10여 종류의 사전을 쓰는 이 번역 작업이 몹시도 힘에 부친다. 하지만 이 책들에 담긴 지혜를 더 많은 사람들과 공유하기 위해 부족한 번역이나마 책에 올리고 있다.

　　2천 년 역사의 몽골불교는 세계 최강의 스피드와 정보를 소유하고 열린 세계를 통치했던 지혜로운 영웅과 왕들이 선택해 키워 왔던 불교이기에 특별하고 우수한 점이 많다. 무엇보다도 앞으로 모든 인류에게 닥쳐 올 자연의 재앙에 대처할 수 있는 유익하고 구체적인 가르침들이 많이 담겨 있다. 생존하기 힘든 극한의 자연환경을 살아 온 사람들에게_{몽골인} 혹독한 자연을 거스르지 않고 더불

어 상생하는 지혜와 온갖 정령과 귀신들, 악귀조차도 어르고 달래며 사는 방법
도 가르친다.

불심에 이르는 길 _ 춘광무처불개화 春光無處不開花

- 오선주 | 전 청주대학교 법과대학 교수

나는 기독교 가정에서 자랐다. 대학도 교양필수 '기독교문학' 소정의 학점을 모두 이수하고 졸업하였는데, 인연 따라 불교 집안으로 시집가게 되었다.

"어느 날, 탁발승 한 분이 오셨다. 내가 보시를 하려고 뒤주의 쌀을 퍼 들고 돌아서니 그 스님은 짚신 신은 채로 안방으로 들어가고, 다락방 문을 열고 성큼 올라서더니 문을 안으로 닫아버렸다. 나는 괴이하게 여겨 문을 열었는

◆ 오선주(법명 무진성)

1935년 출생 | 재적사찰 : 법주사 | 이화여대 법대 졸업, 동 대학원 석사, 성균관대 법학박사 | 대법원 영어통역관, 청주대학교법대 교수 및 학장, 법무부 형법개정특별심의위원회 위원, 서울가정법원 가사심판조정위원회 위원, 충북 행정심판위원회 위원, 한국법학교수회 상임위원 등 역임 | 현재 한국형사법학회, 비교형사법학회, 한국소년법학회 고문

데, 탁발승은 간곳없고 관세음보살님이 내려다보고 미소 짓고 계셨다.”

해방되던 해 늦가을 어느날, 일본 학도병으로 끌려간 아들의 무사귀환을 비는 어머님에게 부처님이 현몽하신 것이다. 꿈을 깨는 순간 아들의 남 늦은 생환 소식을 들으셨다. 어머님은, “네 남편은 부처님의 가호로 살아서 돌아왔음을 명심하라” 하셨다. 나는 어머님 따라 절에 갔었는데, 종이 은은히 울리는 산사의 그 엄숙한 분위기에 마음이 맑아지는 것을 느꼈다.

친정어머니께서 세상을 떠나셨다.

자식들을 위해 고생만 하시다가 효도 한번 받아 보시지 못한 채 돌아가신 어머니에 대한 죄책감에 나는 괴로워하였다. 몇 년을 두고 구비구비 울었고, 피는 꽃을 보고도 가슴 아파하였다. 동쪽 하늘에 보름달이 뜬 저녁, 예전에 달을 보고 기도하던 시절이 좋았다는 생각과 함께, 문득 불교의 ‘윤회輪廻’가 생각났다. ‘부처님, 어머니를 좋은 가정에 다시 태어나게 하시고 만인의 존경과 사랑을 받으시며 한 세상 살게 하소서’ 라고 눈물을 흘리며 합장 기도하였다. 마음에 얼마간의 평화가 깃들었다.

남편의 49재를 마치고, 천년 고찰에 그의 위패를 안치하였다.

“시아본사 석가모니불, 지심귀명례……” 스님들의 새벽 예불의식을 보고 들으며 내가 속세를 떠난 듯한 경이로운 체험을 하였다. 뿐만 아니라, 나는 처음 보는 불자를 위하여 손수 차를 달여주시는 주지 스님으로부터 어떤 감명을 받았다. 아들과 딸이 그 스님을 존경하게 되면서부터 불심이 더욱 깊어진 데에 감사하고 있다.

스님은, 신문 등에 실렸던 그분의 글을 모은 에세이집 한 권을 주셨다. 오래전, 일본에 머물 때, 일본 불교학자가 쓴 《반야바라밀다심경》을 통독한 이후 20여 년 만에 처음으로 좋은 책을 읽게 되었다. 그 책으로 인하여 나는 생활 속에서 불교를 이해하게 되었고, 적극적으로 불교를 받아들이려는 마음이 일었다.

불교방송 교리강좌 강의안, 《주요 불경의 요점- 허공의 몸을 찾아서》와 《불교의 기초교리와 선禪 – 깨침의 말씀, 깨침의 마음》 각 한 권씩 구입하였다. 한 번 두 번 읽으면서 나는 그 내용에 심취하게 되었고, 많은 것을 배우게 되었다.

때마침, 여성불자 108인회 회원으로 선정되었다는 연락을 받았다. 그 발기 취지에는 크게 공감하였으나, 부처님 앞에 향을 피우고 참선하는 것 외에는 아는 것이 없고, 불교계에 공헌한 바도 없는 나는 진심으로 사양하였었다.

두어 해 지난 어느날, 다시 제2기 108인회에 동참하라는 권유를 받았다. 부처님께 황송한 마음이 들었으나 불교와 더 가까워지라는 연緣으로 생각되어 감사하는 마음으로 수락하였다. 불교 교리강의안을 읽으며 무의식중에 큰 영향을 받은 듯하다.

주변 정리를 할 나이에 한 단체의 일원이 되었음에 작으나마 책임감을 갖게 되었다. 비록 짧은 글이지만 내 이야기를 쓰려니 조심스럽기만 하다.

불교는 인간으로서의 가치와 살아 갈 길을 깨닫게 한다.

슬픔도 미움도 절망까지도 담담히 받아들일 수 있는 지혜와 힘을 준다. 봄빛이 꽃이 피지 않는 곳이 없게 하듯이 부처님의 자비는 봄빛과 같고, 부처님의 가르침은 나를 편안케 한다.

나는야 문수행!

– 김자경 | 시민모임 '맑고 향기롭게' 기획실장

난 법명이 하나뿐이다. 기회가 닿을 때마다 받아서인지 불자들 가운데 두세 개씩 법명을 갖고 있는 경우가 많은 줄 안다. 그런데 나는 20년도 훨씬 넘게 불교계에서만 일했고 스님들도 많이 만났건만, 법명을 받을 기회는 딱 한 번 있었다. 14년 전 시민모임 '맑고 향기롭게'에서 일하면서였다.

그것도 법정 스님께서 내려주신 법명을 받았다. 좀체 법명 주시는 일이 없다는 스님께 정말 용기 내서 청을 드렸던 것이다. 그렇게 받은

◆ 김자경(법명 문수행)

1959년 출생 | 재적사찰 : 길상사 | 이화여자대학교 정치외교학과 졸업 | 월간 〈불교사상〉 편집차장, 〈주간불교신문〉 취재기자, 월간 〈법시사〉 편집장, 불교방송 구성작가 역임 | 현재 시민 모임 '맑고 향기롭게' 기획실장

법명이 문수행文殊行.

교계 신문사며 방송사에서 주로 일했고, 지금 단체에서도 소식지 편집을 맡고 있으니 아마 '문수'란 법명을 주신 것 같다는 추측성 해설을 곁들여 법명을 드디어 얻은 것이다. 뭔가 특별한, 기발한 법명을 기대했던 나로서는 약간 실망스러웠다. 헌데 시간이 지나면서, 맑고 향기롭게 모임 간사로서, 어떤 일을 해야 할지를 고민하기 시작하면서는 문수행이란 법명이 심하게 부담스럽게 느껴지기 시작했다.

심각한 고민 끝에 법명을 주신 법정 스님께 감히 개명해주십사 말씀드렸다.

"뭐! 법명을 바꿔줘? 뭐라고?"

"문수 지혜를 발휘할 자신이 없어서요. ○○○이나 △△△ 같은 걸로 바꿔주세요."

"예끼! 그런 건 못 써. 법명이란 그처럼 살라는 원을 담아서 불러줘야 하는 거야. 난 지혜로우신 문수보살님을 닮으라는 뜻이었는데, 그게 싫어?"

"헉……."

난 얼굴이 그만 홍당무가 되었고, 좌중은 웃음바다를 이뤘다. 그때 자리를 함께 했던 한 분이 거들고 나섰다.

"자꾸 헛소리하면 몽수행이라고 부른다. 아님 푼수행이라고 할까?"

또다시 폭소가 터졌다. 하지만 스님은 웃지 않으셨다. 다만 말씀해주셨다.

"문수행, 난 자네가 문수보살의 지혜로움을 꼭 지닐 거라고 믿어. 됐지?"

그제서야 난 깨달았다. 부처님과 스님과, 나를 문수행이라 불러주는 이들 모두가 바로 든든한 내 '빽'임을 말이다.

오늘도 난 '문수행'이라고, '문수행 보살님'이라고 불린다. 들을수록 기분이 좋다. 나 자신은 아직도 부족함을 많이 느끼지만 나를 믿고, 격려해주는 이들이 여기, 내 곁에 이렇게들 계신데 무엇을 더 걱정하겠는가!

내 일터에서 '맑고 향기로운 삶을 위해서 할 일이 무엇일까'를 오늘도 난 궁리한다. 기분 좋게…….

끝이 없는 수행으로 포교하리라

– 곽명희 | 대한불교조계종 포교사단 수석부단장

40년 전의 햇살이 눈부신 초여름 이른 아침, 나는 산비탈을 숨 가쁘게 오르며 어제 도착한 일행들에게 미안하다는 생각 때문에 힘든 것도 모르고 길을 재촉하고 있었다. 삼척시 미로면 천은사에서 제4교구본사 학생회 연합수련회가 열려 영월, 삼척, 강릉, 동해 지역 포교당 학생회 회원들이 지도스님을 모시고 모두 참석하기로 했다. 나는 수학여행도 아닌데 여학생이 남학생들하고 웬 외박이냐는 아버님의 호통에 함께 출발하지 못하고 다음날 첫 기차를 타고 혼자서 천은사를 찾아가고 있었다. 이슬 풀잎 위에서 잠이 덜 깬 사마귀가 부시럭대는 소리까지 들릴 만큼 산길은 고요하고 적막했다.

천은사 인근 두타산 귀동은 고려시대 학자 이승휴가 만년에 벼슬을 버리고 들어와 용안당에 머물며 한민족의 대서사시 《제왕운기》를 저술한 역사적인 곳이다. 민족정기가 서려 있는 두타산 속을 어린 여학생인 내가 사찰 팻말만 믿고 따라갈 수 있었던 것은 나를 기다리고 있을 학생회 법우들에 대한 미안함 때문이었을 것이다.

어린 시절, 불교학생회 활동을 활발하게 하는 선배들 틈에 끼어 경전 독송반, 사경반에도 참가하며 불교와 가까워졌다. 연합수련대회나 연합체육대회 등의 행사가 있으면 선배들의 잔심부름을 하면서 이른바 뼈가 굵었다고나 할까.

지금은 휴대폰이며 전자메일로 소식을 전달하는 데 몇 초도 안 걸리지만, 그때는 일일이 편지로 왕래를 해야 했다. 시골에서 여고를 졸업할 때까지 열심히 참가한 학생회 활동이 지금 포교사로서 활동할 수 있는 에너지가 된 것 같다.

소식지를 만들고 합창 연습도 하며, 동해 삼척 간 편지 연락병 노릇을 하던 남학생이 내 남편이 되었다. 그렇게 부처님 그늘 아래서 맺은 인연으로 남편은 내가 포교사단에서 일을

◆ 곽명희(법명 문수행)
1955년 출생 | 재적사찰 : 조계사 | 동국대학교 불교대학원 불교학과 수료 | 현재 대한불교조계종 포교사단 수석부단장

할 수 있도록 정성껏 외조를 해주니 그 인연엔 그저 부처님께 감사드릴 뿐이다. 나와 가족은 물론 이웃을 위해 밭 갈고 씨를 뿌릴 수 있는 복전福田이 내게 있다는 행복함에 힘겨운 줄 모르고 매일 포교사단으로 출근한다.

여고 때 체육교사로서 불교학생회를 지도하셨던 원경덕 선생님도 제자인 나보다 뒤늦게 포교사가 되어 삼화사 동해불교대학 부학장으로 후배 양성과 불자 인재 양성에 여념이 없으시다. 함께 했던 이런저런 인연들이 곳곳에서 정법을 전하는 부루나로서 노년을 맞이하고 있는 모습이 든든하기만 하다.

부처님은 행복했던 순간뿐 아니라 어려웠던 시간에도 행복하게 열심히 살 수 있게 해주셨다. 25년간 장애인 홀시아버님을 모시는 동안, 서툰 맏며느리로서 부족함이 많았어도 한 번도 남을 미워하지 않으시는 시아버님을 뵈면서 진리를 배웠다. 아들과 두 손자에게는 불편한 몸으로도 항상 남을 배려하는 인정 깊은 모습으로 가르침을 주셨다.

시아버님이 생전에 즐겨 쓰신 사경지를 모두 모으면 2.5톤 트럭에 꽉 찰 정도였다. 미수米壽에도 〈관세음보살 보문품〉을 외워 사경하셨다. 보문품에 곡까지 붙여 즐겨 흥얼거리셨는데, 우리 가족은 아침마다 그 소리에 잠을 깨곤 해, 보문품이 우리 가족의 기상 신호였다. 아흔넷으로 가족 곁을 떠나신 지 만 3년, 시아버님은 아직도 우리 가족에게 그리움으로 남아 있다.

이즈음 케어복지사 과정을 공부하고 있다. 노인케어를 실습하면서 시아버님에 대한 기억에 마음 뭉클하고 눈시울이 젖을 때가 한두 번이 아니다. 최선을 다하려 했지만 부족한 것이 한두 가지가 아니었음을 알게 되어 가신 분에게 너무나 미안하고 송구스럽다.

시아버님은 불교가 이런 것이라고, 이렇게 해야 한다고, 한 말씀도 하지 않으셨다. 하지만 불교를 몸소 행으로 보여주셨음을 나날이 새삼 느끼고 있다.

쉰음산 계곡을 흐르는 물 속엔 청옥같이 예쁜 자갈이 유난히도 많았다. 강물이 수정처럼 맑아 여러 번 발 담금질을 했던 그 곳처럼, 돌이켜보면 내 주변에는 아름다운 것이 많은데 나는 앞만 보고 사느라 주변들을 돌아보지 못했다. 좋은 이웃과 인연에 감사드리며, 수행하는 마음으로 포교하리라 다짐한다.

누구를 위하여 종은 울리나

– 권경희 | 불교상담개발원 사무총장

"나는 갈 길 모르니 주여! 인도하소서."

우리 아버지가 즐겨 부르던 찬송가다. 아버지는 내게 당신의 종교를 전파하기 위해 무던히도 애를 썼다. 그러나 나는 이상하게 그 종교 집회에 가면 마음이 편치 못했다. 처음 보는 사람에게 너무 친절하게 다가오는 것도 거북스러웠고, 일사불란하게 지도자를 따르는 모습도 불편했다. 한마디로 체질에 맞지 않았다고나 할까. 그렇게 고등학교 때까지 별다른 종교가 없이 지냈다.

그러던 어느 날 저녁 6시. 학교 도서관에서 공부를 하고 있는데 어디선가 저녁 예불을 알리는 종소리가 은은히 들려왔다. 내가 다닌 고등학교는 조계사 바로 옆에 있던 숙명여고. 작은 골목길 하나를 사이에 두고 조계사 종각과 학교 도서관이 마주해 있었다. 그때 2학년이었으니, 그 전에도 매일 종은 울렸을 터였다. 그런데 그때까지는 전혀 들리지 않던 종소리가 그날따라 사뿐히 귓가에 날아와 앉은 것이었다. 그 종소리는 입시 공부로 지친 심신을 다정하게 위무해주었다.

이후로 발길이 저절로 절로 향했고, 법당에 앉아 부처님을 바라보면 마음이 푸근해졌다. 아버지를 따라갔을 때와 달리 마음이 시끄럽지도 않았고, 가면 가는 대로 오면 오는 대로 자유로이 내버려두는 여유로움이 좋았다.

이러한 여유로움이 외려 불자들을 게으르게 하는 경향이 있긴 하다. 나 역시 계를 받은 지 30년이 되어 가지만, 정기적으로 나가는 법회가 없어 사이비 불자가 아닌가 하는 자책감이 들기도 했다. 특히 참선이나 기도 정진을 맹렬히 하는 열심 불자를 대할 때면 더욱 위축감이 들었다. 그럴 때면 부처님께서 《잡아함경》에서 하신 말씀으로 위로를 삼기도 했다.

부처님께서 카필라바투국 냐그로오다 동

◆ 권경희(법명 보리장)
1959년 출생 | 재적사찰 : 조계사 | 연세대학교 교육대학원 석사(상담교육학 전공), 서울불교대학원대학교 박사과정 재학중(상담심리학 전공) | 현재 상담심리 전문가, 소설가, 불교상담개발원 사무총장

산에 계실 때 석씨 마하나마가 찾아와 여쭈었다.

"이런 어지러운 세상에 어울려 살다가 부처님과 부처님 법, 그리고 승단을 잊지 않을까 두렵습니다. 이렇게 살다가 죽은 뒤 어디서 태어날 것인가 걱정이 됩니다."

그러자 부처님께서 마하나마에게 말씀하셨다.

"큰 나무가 한쪽으로 기울어져 있을 때 그 밑동을 자르면 어느 쪽으로 쓰러지겠는가?"

"기우는 쪽으로 넘어질 것입니다."

"너도 그와 같으니라. 너는 오랫동안 불·법·승을 생각하고 닦아 익혔다. 비록 목숨이 다해 그 몸이 불에 타거나 묘지에 버려져 오랫동안 바람을 쐬고 햇볕을 받아 마침내 가루가 된다 하더라도, 마음은 오랫동안 바른 믿음을 쐬고 계율과 보시, 들음, 지혜를 쐬었기 때문에 그 신식神識은 안락한 곳을 향해 위로 올라가 미래에 천상에 나게 될 것이다. 그러니 두려워하거나 걱정하지 말라."

《잡아함경》 제33권 930. 《자공경(自恐經)》

큰 나무가 기운 곳으로 쓰러지듯, 부처님을 향한 마음이 있는 사람은 부처님 법 안에 든다는 말씀이다.

요즘도 법회에 꾸준히 나가거나 수행을 열심히 하는 건 아니지만, 전보다는 많이 마음이 편해졌다. 불교상담개발원의 사무총장 직책을 맡으면서 업무상

수시로 각 사찰을 찾아가고 스님들을 뵐 기회가 있기 때문이다. 명승고찰을 찾아가면 부처님께 직접 참배한 듯 환희롭고, 스님들 뵙고 좋은 말씀 들을 때면 법회 나가는 것 이상의 배움을 얻곤 한다. 이게 불사를 하는 복이 아닌가 싶다.

인연 속의 포교

- 권대자 | 대한불교조계종 포교사

사람이 사람답게 살아가려고 노력하는 삶 속에는 인연이라는 늘 새로운 것이 존재하기에 삶이 더욱 소중하다.

하루하루 지내고 보면 지난 어제와는 다른 일과로 오늘이 시작된다. 초승달이 보름달이 될 때까지 변하고 보름달이 다시 초승달로 날마다 변하듯이, 새로운 삶을 지향하면서 포교하는 순간순간 아름다운 만남이 있기에 늘 기도하는 마음으로 활력을 충전한다. 봄날에 씨앗을 뿌리고 가을에 거두는 농사처럼, 만나는 인연 속에 늘 자비로운 부처님이 계셔서 즐거운 마음으로 오늘도 내 마음밭에 씨앗을 뿌린다.

1973년 3월, 순천 송광사를 다녀온 불연은 내 생활 포교의 계기가 되었다. 1980년 3월 26일 보살계를 받은 뒤부터 그 인연은 더욱 깊어져 매월 초하루법회와 관음재일 가족법회 참석으로 시작하여 지금의 사회 포교활동을 하는 데까지 이르렀다.

우리 주변에는 따뜻한 가족 공동체에서 감사하며 살아가는 이가 있는가 하면 또 다른 한편에는 불편한 삶을 살아가는 사람도 있다. 거기서 나는 큰 배움을 얻는다. 이것이 바로 부처님의 가르침임을 느낀다.

대구 읍내 정보통신 중ㆍ고등학교소년원에서 매월 셋째 토요일 오후 3시부터 1시간 동안 불교 교리법회를 시작한 지 10년이 지났다. 1996년에는 원생이 3백 명이 넘었는데 2001년부터 특설 분야별 특별 교육을 전국적으로 실시하고 나서 지금은 약 1백 명 정도로 학생 수가 줄었다. 검정고시 합격자가 많이 늘고, 컴퓨터 기술을 배워 취직해 사회로 나가기 때문이다. 그런 그들을 보면서 가슴 뿌듯하다.

한국환경노래보급협회가 1997년부터 매년 4월 22일 지구의 날과 6월 5일 환경의 날 사이에 초ㆍ중ㆍ고등학교 학생들과 함께 환경음

◆ 권대자(법명 대각화)

1942년 출생 | 재적사찰 : 동화사 | 경기대 대학원 교정교화 전문화 과정 졸업 | 현재 (사)사회복지 법인 불교사회복지회 이사, 법무부 교정위원 중앙협의회 운영위원, 제9교구본사 동화사 신도회 부회장, 대구문협회원, 영남아동문학회원, (사)한ㆍ몽골 불교교류협회 이사

악 경연대회를 갖고 있다. 각 학교별로 참석률도 높고 예선을 거쳐 본선까지 이르는 과정에서 학생들은 자연의 소중함을 깨달아 가고 있다. 매년 행사를 할 때마다 신문사, 방송국, 시교육감, 시장, 환경부장관 등의 시상으로 교육계에 환경 홍보활동을 하면서 지금까지 환경 노래책 열 권에 약 60편의 작사곡을 실었다.

그리고 1999년 6월 비둘기환경합창단을 창단해서 서울, 부산, 장흥, 소록도 등지에서 눈사태 성금 모으기 등의 봉사활동과 환경홍보 사절단 활동을 하면서 저공해 환경상품 쓰기, 샛강 살리기, 장바구니 사용하기 등을 홍보해 왔다. 그 사이에 《세상은 자연》《풀꽃사랑》이란 두 권의 시집을 발간해서 환경 행사 때 참가 상품으로 나누어 주는 것이 나의 행복이다.

봉사는 부처님 선근의 근원이며, 필요한 곳에서 일을 할 수 있는 포교는 공덕의 씨앗이며 복전임을 알게 해주신 부처님 전에 합장정례 올린다.

내 생명의 은인이신 부처님

- 왕선자 | 부산여성 불자회 회장

누구나 살아가면서 목숨 걸고 해 볼 만한 일을 하나쯤은 갖게 된다. 사람과 사업, 학문, 신앙생활에 자신의 모든 걸 바치는 경우를 종종 보게 된다. 엊그제 평소에 좋아하는 불자의 얘기를 듣고, 또 한 번 놀란 일이 있다.

그 불자의 남편은 20여 년 전부터 사업이 적성에 맞지 않는다며 하던 사업을 그만두고 지금까지 마음공부하고 있다고 한다. 더구나 아들과 딸에게도 적당히 공부하고 결혼하지 말고 아빠가 하는 공부를 해 봄이 어떠냐고 하기

◆ 왕선자(법명 정토행)
1942년 출생 | 재적사찰 : 산암사 | 부산대학교 국문과 졸업 | 부산 혜화여중 · 고 국어교사, 불교여성개발원 부원장 역임 | 현재 부산 선암사 봉사단장, 민주평화통일 부산진구 자문위원회 고문, 부산여성 불자회 회장, 파라미타 부산협의회 운영위원, 부산교도소 교화위원

도 하고, 대학도 철학과에 갈 것을 종용한다는 것이다. 물론 아이들은 강하게 고개를 저으며, 자신들도 자기들이 원하는 일을 하고 싶다고 했다.

그런데 그 불자가 딱 1년 뒤에 나와 불교 일을 함께 하겠다는 것이다. 남편도 이해하고 싶고, 늘 열심히 포교하는 나를 돕고 싶다는 그는, 이 글을 쓰고 있는 동안에도 전화를 했다. 여성 불자회를 후원하고 싶다는 전화였다. 이런 날이면 나는 신이 나서 목소리가 밝아질 뿐 아니라 젊고 예쁜 목소리가 된다. 그리고 누구에게든 바삐 글월을 보내고 싶고, 안부전화도 하게 된다. 시장에 가면 찬거리도 이것저것 많이 사게 된다.

선암사_{부산}에 다니기 시작한 것은 47년 전부터다. 내 어머니는 아들이 없어 늘 기도를 다니셨다. 지금과 달리 그 시대에는 아들을 낳지 못하는 것을 곧 아내의 의무를 다하지 못하는 것처럼 생각했다.

초등학생 때 늘 소풍을 간 곳이 선암사였지만, 대학생 시절에는 자주 절을 오르며 젊음과 청춘을 그 곳에서 보냈다. 대학 4학년 때 결혼을 하고는 친정엄마와 함께 열심히 절에 다녔다. 부처님 전에 소원을 빌고 힘든 여러 가지 이야기도 부처님과 나누었다. 내 신앙은 결국 기복신앙에서 또 대화의 상대로 바뀌었다. '이럴 때 부처님은 어떠했을까?' 하는 물음에 답을 스스로 얻으며 차츰 불자가 되었다.

학교에 10년 재직할 때는 방학이나 되어야 절에 갈 수 있었다. 그때 가슴속에 답답한 느낌이 있었는데 그게 심장병으로 자리잡는 줄은 몰랐다. 결국 10년 만에 병으로 누웠다. 백약이 효과가 없어 독일에까지 부탁해서 좋다는 약은 다구해서 먹었다. 결국 밥만 먹으면 절에 올라 아미타불그 당시 법당엔 아미타불 한 분만 계심을 부르며, 부처님께 엎드려 울면서 기도했다.

3년을 기도하러 다니는 사이, 주지 스님께서 교무 소임을 주셔서 더욱 열심히 절일을 했다. 그러던 차에 병마는 어디로 갔는지 핼쑥하던 내 모습이 건강을 되찾았다. 부처님께서 내 병을 고쳐주신 것이라고 믿는다. 그 당시 병마와 싸웠던 기억 때문에 지금도 복잡하고 자극적인 일에서는 빨리 손을 떼고, 고민하지 않고 포기해버리는 버릇이 있다. 이 절에서 원로의원이신 큰스님, 전 포교원장이신 큰스님, 지금 교계에서 포교하시는 스님들도 만났다. 지금도 그분들을 뵈면 환희심이 가득해진다.

인생살이에서 어떻게 사는 게 올바른지 답은 모른다. 어릴 때 내 꿈이 선생님이었으나 건강 때문에 그 꿈을 접고, 절집에서 열심히 부처님 제자로서 인생의 절반이 훨씬 넘는 세월을 봉사하며 살았다. 그동안 주지 스님을 열 분이나 맞이했고 참으로 존경하는 스님도 계셨다.

6년 전 불교여성개발원이 탄생할 때 주역을 했던 일, 부산여성 불자회를 창립해 13년 넘게 이끌어 온 일, 부산·경남 포교사단 부단장으로 포교해 온 일 등, 지금 돌이켜보면 참으로 열심히 살아온 시간들이다. 그리고 오늘 나에게는 간절한 믿음만이 남아 있다. 앞으로도 전달 법문을 계속하면서, 불교 주변 인물들과 취미로 절에 다니는 이들을 참불자로 끌어들여 불국토 건설에 조그마한 힘이나마 보탬이 되고 싶다.

촛대와 같은 사람이 되고저

- 홍경희 | 전 대불련 총동문회 조직위원장

전화벨이 울린다.

"경희야?" "예! 선생님."

나이 50이 넘은 내게 이름을 불러주는 분이 계신다. 김재영 법사님. 지금은 법사로 계시지만 35년 전, 지금 생각하면 그런 시절이 정말로 있었을까 싶은, 17세 여고시절, 동덕여고 불교학생회 지도교사셨고 역사 담당 선생님이셨다.

'나는 누구인가?' 라는 제목으로 시작한 불교학생회. '나는 누구인가' 라는 제목과 더불어 시작된 불교학생회와의 인연으로, 지금까지 사람답게 살려고 노력하는 한 사람으로 어설프지만 서 있다.

고등학교 1학년 때 처음 간 법주사 수련대회의 마지막 날이었다. 용맹정진을 회향하는 새벽 법당에서 참선을 하다가 문득 눈을 들어 바라본 비로자나 부처님. 온몸에 흘러내리는 부처님의 눈물을 보았다. 촛불에 비친 부처님의 모습이 나를 향해 한없이 울고 계시는 것으로 보였고, 나도 더불어 한없이 울었다. 알 수 없는 눈물이 끝없이 흘러내렸다.

그리고 밝은 빛으로 주위를 밝혀주는 초를 더욱 높이 들어 더 넓게 밝혀주는 촛대를 보았다. 그 자리에서 '촛대와 같은 사람이 되자' 라고 발심을 했다.

가끔 학생들에게 옛날이야기 하듯이 하지만, 그 시절에 어떻게 그런 생각을 했을까 싶다. 살아오면서 늘 다른 이들의 들러리 노릇을 하면서, 그때 내게 주어진 팔자를 미리 감지한 것이 아니었나 생각한다. 모든 것이 덕을 쌓는 일이라고 위안을 하며 살던 어느 날, 번개처럼 한생각이 스쳤다.

'덕? 덕이라고 했나? 아! 아니야 빚을 갚는 거야. 그래! 빚 갚는 것이었구나. 그래! 열심히 갚아 보자.'

◆ 홍경희(법명 지혜장)
1955년 출생 | 재적사찰 : 공주 영평사 | 서울대학교 국악과 졸업(가야금 전공), 이화여자대학교 교육대학원 석사(음악교육) | 부산시무형문화재 제8호 강태홍류 가야금산조 보유자 후보 | 대불련 총동문회 조직위원장 역임 | 현재 한국종합예술학교 전통예술과 강사, 불교인재개발원 이사

그리고 두 발이 땅을 디디고 있는 것을 순간순간 감지할 수 있었다. 그 날 뒤로 힘든 일들, 힘든 인연 모두 가볍게 보낼 수 있었다. 그리고 불자로서 부끄럽지 않기 위해 많이 노력해 왔다. 가지고 있는 보물을 잃지 않으려 안간힘을 썼다고 보아야 할 것이다.

몇 년 전, 부처님 심부름이라고 생각하고 대불련 총동문회의 소임을 맡았는데, 일을 하는 과정에서 기적과 같은 일들이 생기기 시작했다. 그 일들은 내게 재발심의 기회가 되었고, 유행가 가사처럼 참으로 홀로 서 있어도 외롭지 않게 되었다.

지혜장이라는 법명을 내려주신 무진장 스님, 정무 스님, 고 김어수 거사님, 찬불가의 장을 여셨던 고 서창업 선생님, 그리고 1970년대 최고의 법문을 들을 수 있도록 인도해주시고 또한 많은 인연들로 하여금 참으로 멋진 부처님과 인연을 맺도록 해주신 김재영 선생님과의 인연은 참으로 불은이 아닐까?

'부처님이라면 이럴 때 어떻게 하셨을까?'

'어떻게 해야 부처님의 빛이 될 수 있을까?'

'어떻게 하면 서로에게 빛이 될 수 있을까?'

부끄러운 고백을 해 본다.

시아버님이 맺어준 아름다운 인연들

– 강형진 | 니르바나 실내악단 단장

내가 다닌 중·고등학교와 대학은 미션스쿨이었다. 게다가 전공도 바이올린이어서 정서적으로 당연히 기독교에 가까울 수밖에 없었다. 하지만 날로 늘어가는 마음속 의심을 해결할 길이 없어서 대학교 2학년 때부터 교회를 다닐 수 없었다.

대학을 졸업하자마자 당시 국립교향악단 ^{현재 KBS 교향악단}에 입단했다. 그리고 결혼까지 하는 바람에 한동안은 종교에 관심 가질 여유가 없었다. 하지만 막연하게 절에 가면 복잡한

◆ 강형진(법명 자인화)
1954년 출생 | 재적사찰 : 금장사 | 연세대학교 기악과 졸업, 불가리아 Sophia Academy 석사 | KBS교향악단 단원, 대진대학교 강사, 선화예중·고 강사 역임 | 현재 니르바나 실내악단 단장 겸 음악감독

마음을 쉴 수 있을 것 같아 그냥 절에 가서 멍하니 앉아라도 있다 오고 싶다는 생각이 문득 들기도 했다.

시아버님은 밤낮으로 열심히 기도하시는 독실한 불자셨다. 1989년에 아버님이 돌아가시자 집 가까운 불광사에 장례 절차를 의뢰했다. 그때 담당 구역 소임을 맡았던 황득효 보살님을 알게 되었다. 그리고 지금은 경기도 검단산 각화사에 계신 혜담 스님이 장례 절차를 도와주셨다. 49재를 지내는 동안 불광사에 다니면서 초심자를 위한 사찰 예법을 정식으로 배웠다. 그때 불교를 처음 접했으니, 시아버님 인연으로 오늘날 불자가 된 것 같다.

처음엔 불교를 잘 몰라 불교가 막연히 기도로 기복하면서 삶의 문제를 해결하는 종교인 줄 알았다. 시간이 지나면서 밀려오는 마음의 짐 때문에 불교를 좀 더 구체적으로 알고 싶어졌다. 그러나 내 전공을 불교와 연결시킬 수 있다는 생각은 꿈에도 해 본 적이 없었다.

그러던 중 대학 때부터 잘 알고 지내던 정부기^{중앙대 작곡과} 교수님이 어느 날 연주를 의뢰해 왔다. 정 교수님은 오래 전부터 불교계에서 활발히 활동해 온 분이었다. 그때 처음으로 사찰 문화에도 현대적인 바이올린 연주가 필요하다는 사실을 알았다. 그런 인연으로 1999년에 니르바나 실내악단을 창단할 결심을 했다. 그렇게 창단한 니르바나는 2002년에 서울시 전문 예술단체로 등록되면서 지금의 니르바나 필하모닉 오케스트라로 거듭났다.

이상하게도 내 인생에서 어려운 고비가 있을 때마다 옆에서 지극한 맘으로

도와주는 분들이 나타났다. 처음에 친자매처럼 보살펴주시던 황득효 보살님도 그 가운데 한 분이다. 그리고 그 인연으로 지금까지 모시는 본각 스님을 만나게 되었다.

정부기 교수님 인연으로 니르바나 오케스트라를 창단했고, 물심양면으로 도와주신 본각 스님과 수많은 불자들 덕분에 7년 동안 운영해 왔다. 물론 옆에서 헌신적으로 도와준 남편과 아이들의 희생 봉사도 한몫을 했다. 하지만 창단 7년을 맞은 2005년에 문화적인 차이와 재정적인 어려움으로 해체 위기가 닥쳤다.

그때 초대 박금표무애, 초대 후원회장 교수님과 현재 후원회장 오시환서암, 해장금 대표 님의 발의로 후원회가 발족되었다. 두 분의 적극적이고 헌신적인 도움으로 많은 후원회원이 모였고, 그분들의 도움으로 오늘날 니르바나 필하모닉 오케스트라가 존재할 수 있게 되었다.

가끔은 나 스스로에게 묻곤 한다. 늘 소심하고 평범하게 살아온 내가 전혀 꿈꿔 오지 않았던 현재의 내 삶은 어디에서 왔고, 왜 나는 이 일을 하고 있는지. 나는 부처님의 인연법을 철저히 믿는다.

내 삶에 지침이 되는 스승, 함께 갈 수 있는 도반, 그리고 그들이 한곳에 모일 수 있는 사찰이 있다는 것이 얼마나 행복한 일인지 모른다. 늘 부처님 품에서 이생이 다하도록 인연이 있는 모든 분들과 함께 나누면서 살 수 있다면 가장 행복한 불자가 될 것이다.

부르고 싶은 노래, 들려주고 싶은 노래

– 김경녀 | 성악가

내 고향 청도는 비구니 스님들의 정진 터 호거산 운문사를 비롯해서 대비사, 적천사, 대산사, 용천사 등 천년 고찰이 많은 불심 깊은 고장이다. 어릴 때 내 사진 가운데 운문사에서 찍은 사진이 적지 않은 걸 보면, 어린 시절부터 나의 운문사 출입이 잦았던 것 같다.

불명이 관음화이신 어머니는 자비롭고 관세음보살님의 화현처럼 온화하셨다. 목소리 또한 매우 고와서 가끔 집에 전화 건 사람 중에는 어머니에게 "어르신 바꾸어라"라고 말하는 경우도 있었다.

어머니는 신도회장과 재무 등 사찰의 힘든 일을 두루 맡아 하셨다. 시골 장날에는 하루 한두 번 다니는 버스를 기다리기 위해 우리 집 대청마루에서 점심도 드시면서 편안하게 쉬어 가는 용천사 비구니 스님들도 있었다.

그런 영향으로 나도 자연스레 불자가 되었다. 계명대학교 재학 때는 불교학생회 중도반에서 당시는 많이 보급되지 않았던 찬불가 악보를 복사해서 법우들에게 나누어 주며 함께 노래부르곤 했다. 그때 불렀던 노래 가운데 '임은 변함 없으리' '홀로 피는 연꽃' '연꽃 한 송이' '성 안 내는 얼굴' '대불련의 노래' 등이 기억에 남는다.

대학 졸업 뒤에는 고등학교 학생들로 구성된 바라밀불교학생회 동아리를 이끌었다. 1982년에는 〈봉축 부처님오신날 기념 소프라노 김경녀 독창회〉를 청도문화원과 중앙극장에서 열었고, 장학기금 마련을 위한 독창회1986년 12월 30일도 가진 바 있다.

각종 수련회와 전시회, 선·후배 체육대회를 개최해서 성장하는 청소년들이 불교를 통해 심신을 수련하고 충효 사상을 고취케 했다. 또한 불교문화를 이해시키고 나아가서는 한국 문화와 역사를 가르쳐서 깨우치게 하는 지도교사

◆ 김경녀(법명 묘음성)
1958년 출생 | 재적사찰 : 서봉사 | 계명대학교 성악과 졸업, 영남대학교 교육대학원 석사(음악교육), 에우로페아콘서바토리 졸업 | 부처님오신날 기념 독창회 5회 개최, 2인 음악회 및 찬불가와 가곡의 밤 전국 순회 및 해외 공연, 찬불가 테이프 및 CD 출반, 바라밀 불교학생회 지도교사 | 현재 이서고등학교 교사, 불교음악 보급 및 합창단 지휘자로 활동

로도 활동했다.

　3천배를 올렸던 해인사 수련대회 기억은 남다르다. 땀으로 범벅이 된 채 3천배를 마치자 종정이셨던 성철 큰스님께서 백련암에서 대적광전까지 내려오셔서 친히 감로법을 전해주셨다. 스님은 학생들에게 "거짓말하지 말고 착하게 살아라"라고 격려해주셨다.

　밤을 새며 용맹정진할 때 간식으로 주셨던 소금물과 흰죽의 맛도 잊을 수 없다. 그때 귀찮은 내색 없이 정성껏 배려해주신 스님들께 감사의 큰절을 올리고 싶다. 한 명의 낙오자도 없이 최선을 다해 정진하던 학생들의 모습과 스님의 감로 법문은 아직도 생생히 내 머릿속에 남아 있다. 특히 지구상에서 가장 아름다운 자연 음악이요 신비의 음악이며 해탈의 음악이라고 서슴없이 말할 수 있는 해인사 예불의 감동은 아직도 생생하다.

　뿐만 아니라 전시회 때 도움을 주신 운문사 명성 스님과 일진 스님을 잊을 수가 없다. 단아하고 자비로우면서도 위풍당당한 스님은 친필 작품을 주셔서 전시회에 큰 힘을 보태셨다. 그 해 대구에서는 처음으로 은적사 부설 룸비니 어머니합창단이 창립1982년 6월되었다. 지휘자가 된 나는 자선음악회를 열어 장학금을 전달했다. 애기봉 봉축 점등행사, 군법당과 청소년 교화를 위한 찬불가 지도 그 밖에도 청주 명장사, 진주 월경사, 대구 법왕사와 서봉사, 반야어머니합창단 등을 창립하고 지휘자로 불교 음악 찬불가 보급에 온 힘과 정열을 바쳤다.

　불자 성악인들의 모임인 불교성악회 창단 멤버로 활동하던 일도 새롭다.

정기음악회를 세종문화회관과 리틀엔젤스회관에서 열고, 제주도, 부산, 전주, 대전, 대구, 속초, 진주 등 전국을 순회했으며, 해외에까지 한국 찬불가를 소개하며 적극적으로 홍보했다.

독창회와 2인 음악회테너 시명 스님과 소프라노 김경녀의 찬불가와 한국 가곡 등의 연주활동을 하는 등, 찬불가는 내 삶이자 인생의 전부였다. 아직도 바람과 원력이 있다면 찬불가를 작곡하고 보급할 수 있는 연구실을 만들고 싶다. 의식 찬불가를 정비하고 다양한 의식 찬불가, 힘차고 밝은 찬불가, 명상음악 등 다양한 불교음악을 만들고 싶다.

불교음악 즉 찬불가만 담긴 〈부르고 싶은 노래, 들려주고 싶은 노래〉 1집과 2집은 부처님의 말씀이 담긴 붓다의 메아리이자 찬탄의 음성공양이며 불교와 나의 삶이 함께 어우러진 찬불가 음반이다. 물론 부족한 게 많지만…….

이 글을 통해 '묘음성' 이라는 법명을 주시고 보살계를 설하신 일타 큰스님과 나를 길러주신 부모님께 두 손 모아 감사의 인사를 드린다. 아울러 새삼 잊은 인연들이 이 원고를 적으면서 오롯이 떠오른다. 사랑하는 제자 영갑과 명규, 순오, 재억, 손주, 영숙, 상선 그리고 미스코리아 딸을 두 명이나 길러낸 똑순이 어머니 김선옥 님, 법보 발행인 정완석 님 등, 불보살의 화현님들 모두가 보고 싶다. 오늘도 불교음악의 밝은 미래를 발원 또 발원하면서 이 글을 마친다. 부처님 되세요!!!

인연으로 추는 춤과 불교

– 백현순 | 한국체육대학교 교수

우리 어머니는 내가 어릴 적부터 절에 다니셨다. 하여 나는 학창시절 종교를 쓰는 란이 있으면 그냥 '불교'라고 적곤 했다. 그때엔 '불교는 자식이나 집안이 잘 되게 해 달라고 비는 기도를 하는 무속' 정도로 인식했었다. 그리고 바쁘게 살다 보니 종교에 관심을 가질 시간도 없었고 딱히 간절히 바라는 것도 없어서 그저 그렇게 살았다.

그러던 어느날 나는 한국춤을 전공하고 있는데 필요에 의해 범패를 하시는 스님을 한 분 알게 되었다. 맑고 투명한 웃음을 갖고 계시는 그 스님께 범패를 배우면서 조금씩 부처님 가까이 다가가기 시작했고, 그 스님의 곁에 있는 또 다른 전공의 예술을 하고 계시는 훌륭한 보살님을 만나면서 불교에 깊은 관심을 가지게 되었다. 그분과 함께 인도의 불교 유적지를 순례하고 불교와 관련된 공연도 함께 하고 우리들 삶에서의 불교적 실천도 배우면서 어쨌든 불교 가까이로 한발 다가선 것이다. 그러고 보니 내가 먹고 자고 입고 생각하고 사랑하며 춤추고 가르치고 배우는 모든 것들이 불교였다.

특히 전공으로 하는 한국춤은 그 연원에서부터 불교적인 영향을 많이 받았고 그것에서 창작되어지는 모든 춤들도 불교사상적인 테두리를 맴돌고 있었다.

〈空, 우리는 무엇이고 싶다〉 〈사바에서 천상으로〉 〈영원을 보다〉 등은 내가 불교를 배경으로 만들어 공연한 한국 창작 춤인데, 이러한 춤을 만든 것도 가만히 생각해 보면 어쩌면 저는 제가 이승에 태어나기 훨씬 전부터 불교라는 인연의 끈을 갖고 있었던 게 아니가 하는 생각이 든다.

나의 일인 춤과 삶 속에서 누구나 그렇듯이 부대끼다 보면 때론 지치고 때론 많은 힘이 든다. 그럴 때면 나는 산으로, 절이 있는 산으

◈ 백현순

재적사찰 : 대구 법왕사 | 대구 가톨릭대학교 졸업, 이화여자대학교 교육대학원 졸업, 경기대학교 대학원 이학박사 | 중요무형문화재 제 97호 살풀이춤 이수자, 중요무형문화재 제 27호 승무 전수자 | 창원시립무용단 상임안무자 역임, 기타 국내외 공연 100여 회 | 현재 한국체육대학교 교수

로 간다.

산 속 깊숙이 들어앉은 절 어디선가 들려오는 듯한 정신을 깨우는 목탁 소리와 보이지 않는 부처님의 기운은 항상 내 속에서 나를 지켜보고 나를 지켜주며 나를 행복하게 해주는 나의 신앙이었던 것이다.

그러나 이러한 나의 마음은 솔직히 말하자면 바쁘다는 핑계로 무늬만 불교가 아닌가 하는 생각으로 자책감을 느낀다. 법회에 참석하거나 제 개인의 특별한 신행생활을 하고 있지 않기에 종교가 '불교'라며 쓰는 이 글에 힘이 빠지는 것도 사실이다. 하지만 나는 오늘도 제 생업인 춤을 추고 너울대는 내 몸 속에서 불성을 느끼기 위해 땀을 흘린다.

만약 인간이 해탈의 날개를 갖기 위해 팔을 움직여야 한다면 몇 겁의 세월 동안 팔을 흔들어야 할까?

날개 없이 하늘을 날 수 없듯이 날개를 갖기 위한 신행생활을 이제부터라도 해야 한다고 다짐해 본다.

백천만겁 난조우百千萬劫難遭遇의 만남

- 신동춘 | 한양대학교 명예교수

부처님이 이 나라에 오시기는 멀리 삼국시대, 내게 납시기는 마흔의 고비길 1970년경이다. 불혹(不惑)의 나이가 더없이 혼란스러운 유혹(有惑)의 해로 들이닥쳤을 때, 만일 그때 부처님을 만나지 못했던들 오늘의 내가 있었을까 의심스럽다.

그 해 여름, 신우염으로 입원했다가 오후의 미열이 끝내 떨리지 않아 요양차 찾아간 오산 근방 산골 절에서 나는 놀랍게도 인연법을 익혔다. 어려서 금강산에서 약초 캐는 일을 배

1931년 출생 | 재적사찰 : 송암사 | 이화여자대학교 영문과 졸업, 서울대학교 대학원 중퇴 | 한국문인협회 인권옹호분과위원 | 현재 한양대학교 명예교수, 시인

왔다는 이름 없는 시골 스님은 내 가슴에 등불을 켜주었으니, 부처님은 대웅전에 계시는 게 아니라 내 가슴에 거한다고 하셨다. 그리고 〈초발심자경문〉에서 방대한 반야부를 거쳐 《화엄경》과 《법화경》에 이르기까지 강원의 교과목을 순차적으로 일러주었다.

그 스님은 또한 동거하던 미군이 돌아가면서 꼭 부르겠다고 한 약속을 눈이 빠지게 기다리는 그 지역 일대의 여인들에게 갖가지 인연법을 설해서 불덩이 같은 그들의 분노를 지혜롭게 다스렸다.

엄밀히 말해서 그것이 내 불교의 첫 꼭지는 아니다. 30대 초반에 늑막염을 앓아 입원했을 때도 도우미 아주머니에게 '옴 마니 반메 훔'을 얻어 듣고 밤낮으로 외우며 쾌유를 빌었다. 그 주력의 힘으로 살아난 걸로 은근히 믿고 싶어 하면서도 부처님을 정면으로 영접하기 전이라 그것을 입 밖에 내기가 쑥스러웠다.

그러나 진작 부처님의 가피로 병마를 물리쳤다고 자타가 공인한 것은 11년 전 정년을 앞두고 폐암 수술을 했을 때였다. 3기 초에 9시간이 더 걸린 큰 수술을 받았으니 살기를 바라기 어려웠다. 이제 속절없이 가는가 보다 하니, 오로지 내 앞가림에만 급급해 온 일생이 부끄럽고 한스러웠다. 그래서 어쩌다 살아남는다면 이름 없이 얼굴 없이 염천炎天의 여름 행길의 한 줌의 산들바람이나 한 모금의 청량수로 살기를 다짐했다.

그런데 나는 살아남았고, 그 다짐대로 살고 있는지 회의스럽다. 항암치료로 1년 가까이 병석에 있을 때 거의 포기하고, 살려달라고 빌자니 살 만큼 살았는데 싶기도 해서 생주이멸生住異滅의 진리만 붙잡고 늘어졌더니 이렇게 살아남은 것이다. 차츰 이기적인 본래 모습으로 되돌아가고 있는 것만 같아서 밤잠을 설칠 때가 있다.

이렇게 구체적으로 부처님은 나를 살려주셨다. 그리고 늦게 배운 도적이 어떻다더니 《우파니샤드》의 세계도 들여다보고 융의 무의식, 베르그송의 《단절과 연속》, 서산 대사의 《선가귀감》과 도원道元의 선사상, 그리고 당의 어록語錄들을 들쑤시기 시작했다. 부처님은 구도求道의 회랑으로 고구정녕 내 손을 잡아주어 시와 학문에 새 국면을 열어주셨다. 개안開眼으로 자부한다.

아상을 죽이는 방법으로는 성과를 생각지 말고 몰아의 경지에 들도록 힘쓴다. 또한 육바라밀 가운데 보시를 으뜸으로 여기되, 재보시와 법보시를 뜻대로 할 형편이 못되므로 무외시無畏施에 힘을 쏟는다. 쉬운 일은 아니나 염원을 믿으니 그 길을 가고 또 갈밖에. 지심귀명례 석가모니불.

나의 신信 그리고 행行

— 심재영 | 서예가

신信 · 행行, 자신의 신심이 두텁거나 엷거나 간에 이것을 행行으로 옮긴다는 것은 그리 쉬운 일이 아니다.

어려서 어머니께서는 나를 데리고 절에 다니셨다. 왜 다니시는지조차 알 수 없었지만, 그 절에 계시던 인자하신 스님의 모습은 늘 내 머릿속에 새겨져 있다. 어머니께서 돌아가시고 나서 직장에 다니던 나는 절에 간다는 것을 거의 잊은 채로 그럭저럭 지내고 있었다.

사람이란 자신이 생각하지 못했던 길로 가는 것인지, 아니면 이미 정해진 길인데 모르는 것인지? 다니던 직장을 사직하고 어려서부터 쓰고 싶었던 붓글씨를 배우려고 동방연서회東方研書會에 입회入會했다. 여기서 여초如初 김응현金膺顯 선생님과 인연이 되었다. 글씨를 쓰면서 성교서聖敎序라든가 흥복사비興復寺碑

등 많은 법첩을 임서臨書했고, 따라서 사경寫經

을 하는 계기가 되었다.

또한 동방연서회에서 글씨 쓰는 스님들과

연이 되어 많은 불경을 접했다. 스스로 사경하

는 것을 좋아하기도 했지만 주위 분들께 《반야

심경》이나 〈발심수행장〉, 〈법성게〉, 《법구경》

등을 써드리면 아주 기뻐하셨다.

이를 계기로 절 현액懸額이나 주련柱聯 등을

쓰게 되었고, 절에 가서 예불 드리는 일도 잦아

졌다. 절의 현액이나 주련은 건물 크기에 맞게

써야 한다. 만일 작게 써서 크게 광대하면 마치

작은 사진을 확대한 것 같이 획劃이 푸석해서

좋은 글씨가 되지 못한다. 여초 선생님의 이런

가르침에 따라 글씨를 쓰기 전에 먼저 건물을

봐야 하는 까닭에 절에 가는 발길이 바빴다.

더구나 불교가 우리나라에 들어온 지

1,600여 년이나 되었으니, 우리나라 명필을 공

부하려면 절에 가지 않으면 안 되었다. 그래서

같이 공부하던 서우書友들, 특히 묵선서회墨禪書

◈ 심재영

1935년 출생 | 서울사범대 본
과 졸업, 서울사대 3년 수료 |
농림부 · 농어촌개발공사 근
무, 동방연서회 이사 역임 |
현재 국제여성한문서법학회
회장, 국제서법예술연합 한국
본부 부이사장, 한국미술협회
이사, 묵선서회 회장

會 회원들과 함께 각 사찰의 완당阮堂 선생 현액강남 봉은사 대웅전, 판전, 주련, 비碑 등을 보기 위해 전국을 돌며 서법書法 이론은 물론 당시의 서예를 연구했다.

전국비구니회 회장이신 명성 스님께서 비구니회관에 서예반을 개설하고, 지도를 부탁하셨다. 이것은 신심이 두텁지 못한 내게 부처님께 참배 한 번이라도 더 하라는 뜻인가 싶었다. 그래서 비구니회관에 서예 하러 오는 회원들께도 사경할 수 있을 만큼 잘 연서硏書하게 하려고 한다.

내게 글씨를 쓰도록 하신 부처님 뜻에 보답하려면 사경은 물론이고 부채 하나 다포 하나라도 더 써서 원하는 사람들에게 나누어 주는 것이 내가 해야 할 일 같다. 금분金粉으로 하는 금니사경金泥寫經도 아름다워서 좋고, 내가 써드린 부채로 더위를 식히는 분을 뵐 때 그 또한 내게는 큰 즐거움이다.

이 즐거움이 내 신앙이요, 많은 경을 써서 이웃에 드리는 것으로써 행을 삼으려 한다.

비우라고

– 이나경 | 우리옷 아라가야 대표

뭘 해 보려다가 그저 끝나는 게

인생이라는데.

삼월

연녹색 순진한 나뭇가지로

흐트러지는 눈발, 저 바람.

배고픈 이

밥 한술 먹여 놓으면

더 배고파지는 배

쪼그라지는 나,

웅크려 쭈그린 손발 끝에서

◆ 이나경(법명 수연)
1954년 출생 | 재적사찰 : 대승
사 | 이화여대 서양화과 졸업, 이
화여대 대학원 석사(서양화 전
공) | 개인전 3회, 그룹전 다수,
개인 패션쇼 4회, 그룹쇼 다수
개최 | 현 아라가야(주) 대표

끝없이 스멀스멀

외로움이, 갈증이

기어 나와

꾹 참은,

터져 나오는 울음

차마 보내지도 못하고

다시

나에게로 보낸다.

덧없다네.

비우라고…….

'카르마'로 승화된
한국 창작무용과 선무도

– 이명미 | 우바이무용단 안무가

불교와 인연이 흔히 그렇듯이 나도 모태신앙이다. 평생을 불법을 실천하기 위해 노력하는 어머니의 모습을 보면서 살았다. 처음에는 어머니가 기도하고 축원하는 모습이 이상하기도 했지만, 어머니가 행하는 인연의 고리가 나도 모르게 불교적인 색깔을 만들었다.

그리고 송광사에서 4박 5일 묵언참선이 있었다. 새벽 3시부터 밤 9시까지 스님과 똑같은 생활을 했다. 이 과정을 불일교사 모임의 활동으로 여러 번 참가 했었다. 힘은 들지만 나를

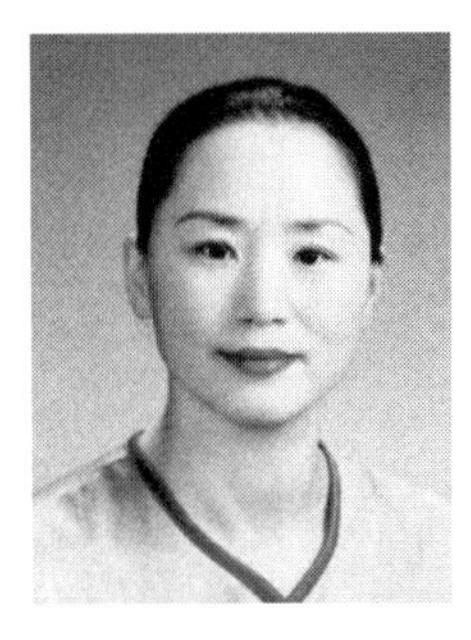

◆ 이명미(법명 일심행)

1960년 출생 | 재적사찰 : 홍법사, 골굴사 | 이화여자대학교 무용과 졸업, 동 대학원 교육대학원 졸업, 禪무우드라 테라피 연구 소장 | 현재 중요무형문화재 제40호 '학 연화대무' 이수자, 부산여자대학 강사, 혜화여고 무용 교사, 선무도대학 한국무용 강사, 우바이무용단 안무가 및 예술감독

찾는 깨달음의 공부라 엄청난 희열을 느꼈다. 이제는 절에 가면 마음이 편안해
지고 어머니의 품속같이 여겨진다.

한국문화는 곧 불교문화이므로, 그 정신을 바탕으로 한 무용을 하고 싶었
다. 그래서 1994년 불교무용단인 우바이무용단을 창단하고, 지금까지 우바이
무용단 상임안무자이자 예술감독으로 불교적 색채가 짙은 작품을 발표해 왔다.
특히 1999년 부산무용제에서 대상을 수상하고 전국무용제에서 문화관광부 장
관상을 수상하는 기쁨을 준 〈카르마〉는 잊을 수 없는 작품 가운데 하나다.

1994년 인간의 몸에 혈맥이 있는 것처럼 땅 밑도 그와 같다는 발상에서 만
든 〈땅으로 소리로〉에서는 자연과 완전히 하나가 되는 어울림을 표현하기 위해
흙무더기 속에 들어가 춤추기도 했다. 그런데 이 공연을 하고 10일 뒤에 아버지
가 갑자기 교통사고로 돌아가셨다. 그 때 나는 마치 내가 아버지의 무덤을 만든
게 아니었나 하고 생각했다. 그때부터 '윤회' 라는 주제에 빠져들기 시작했다.

그리고 〈카르마〉라는 작품을 발표했다. 개인적으로는 아버지의 업을 씻어
내고 혼을 달래는 기도나 마찬가지였다. 그리고 좀 더 나아가 이 시대를 살아가
는 모든 사람들의 영혼을 달래는 춤을 만들고 싶었다. 그래서 〈카르마〉는 인간
의 근원적인 업장을 소멸해 나가는 과정을 몸으로 형상하는 금강역사상의 어떤
움직임, 즉 고해에서 허덕이는 중생들의 업장을 수행을 통해서 소멸해 나가고
중생에서 보살로 승화시키는 과정을 춤으로 형상화하였다.

그동안 부처님오신날 봉축 공연, 부산 아시안게임 개 · 폐회식 안무 등 많

은 행사와 무용제 등에서 작품을 발표했다. 앞으로도 불교적인 사상을 바탕으로 하는 작품을 계속 하고 싶지만, 편협하게 불교적인 틀에 머무르지 않고 종교적인 차원을 넘어서서, 불교신자든 아니든 상관없이 모든 사람들이 공감할 수 있는 작품을 해 보고 싶다. 즉 정신을 풍요롭게 하는 춤, 무한한 이상세계를 실현하고자 하는 춤, 정신이 살아 숨 쉬는 항상 깨어 있는 춤으로, 손짓, 발짓, 몸짓을 통해 생명의 소리와 영혼의 몸짓이 하나가 되는 민족의 향기가 배어 있는 춤을 만들고 싶다. 우리의 심성, 혼, 사상을 불법 안에서 승화하는 그런 작업을 하는 사람으로 기억되길 바란다.

지금 있는 곳에서 시작하라!

- 진우기 | 불교 전문 통역 · 번역가

어린 시절 나는 어머니 손을 잡고 대전의 한 절에 다녔다. 시내에 있는 절이었지만 교통사정이 좋지 않아 우리는 산 속 길을 많이 걸어야 했다. 하지만 그 곳에 가서 들었던 목탁소리, 풍경소리, 비구니 스님의 독경소리는 청량했고, 절에서 만나는 부처님과 보살님들의 모습도 친근했다.

대학에 들어가 물밀듯이 밀려 온 서양문물과 사고방식을 접하면서, 그리고 사회에 나와 교사의 삶을 분주하게 살아가는 동안 나는 서서히 불교와 멀어졌다. 어머니는 여전히 새벽에 홀로 독경과 기도를 하셨고, 밤에도 여섯 자식들 잘 되라고 관세음보살을 염불하셨지만, 내게는 불교와 스님들이 고루하고 지나치게 권위적으로 보였다.

그러던 중 1980년에 미국으로 유학을 떠났다. 마침 1970년대부터 불교와 동양사상의 열풍이 불고 있던 그 곳에는 지극한 초심을 가진 사람들이 많았다. 당연히 그들의 불교에는 권위와 형식의 틀이 없었다. 자유롭게 숨 쉴 수 있는 평등한 분위기에서 지극한 존칭어가 별로 없는 영어로 불교 공부를 하다 보니, 미려하고 장엄하게 그려졌던 한문의 패러다임을 넘어 불교 원리나 일화가 간결하고 본질적으로 다가왔다. 그 곳에서 나는 다시 한 번 가슴을 열고 불교를 받아들이고 공부와 수행을 했으며, 가족과 친구가 별로 없는 이국땅의 외로움과 어려움을 불교를 의지하며 이겨나갔다.

10년 뒤, 귀국한 나는 한동안 망연자실했다. 무엇을 해야 할까? 어디서부터 시작해야 할까? 아직도 여성에게 취업의 기회를 별로 주지 않는 사회였고, 교사직은 손 놓은 지가 10년이었다. 내가 그렇게도 원했던 평생교육학 공부는 3년 현장 경력이 있어야 박사학위 입학자격이 주어진다는데, 나는 석사만 끝낸 상태였

◆ 진우기(법명 연천)
1952년 출생 | 서울대학교 사범대학 화학과 졸업, Texas A&M University 평생교육학 석사 | 명지여고 교사, (사)한국여성과학기술단체총연합회 사무총장 역임 | 현재 불교여성개발원 자문위원, 불교 전문 통역·번역가

으니 갈 곳이 막막했다. 40세 경력 단절 아줌마가 새로 시작할 곳을 찾기란 참 만만치가 않았다.

그때 내 눈에 들어온 페마 최된 스님의 말씀이 "지금 있는 곳에서 시작하라!"였다. 나는 지금 이 순간 내가 할 수 있는 일을 최선을 다해서 하는 동시에 사람들에게도 혜택이 가고 내게도 혜택이 오는 일을 하고 싶었다. 단지 돈을 벌기 위해 하는 생업은 싫었다. 오랜 경험으로 나는 내가 신이 나지 않고 보람을 느끼지 않는 일은 할 수 없는 인간임을 이미 알고 있었다. 영어와 영어회화를 가르치는 일로 생계를 꾸려 가던 나는 영어를 잘하고 서양불교를 알고 있는 내 재능을 살려 불교에 기여하는 일을 해야겠다고 마음먹었다.

글 쓰는 일은 무척 동경하는 일이었지만 이과 출신 본인이 그 방면엔 심히 재주가 없다는 것을 잘 알고 있었다. 또한 말을 잘하는 사람이 글도 잘 쓴다 했는데, 학창시절에 말은 잘하지만 교언영색으로 사람들에게 못된 짓을 하는 사람을 몇 명 겪은 뒤론 스스로 말을 잘해 봐야 해만 끼친다는 생각에 늘 입을 다물고 사는 편이었던지라 말 잘하는 일 역시 자신이 없었다.

하지만 영어로 써 있는 글을 한글로 옮기는 작업이라면 할 수 있겠다는 생각이 들어 서양권에서 출판된 대중 불서 번역을 시작했다. 우연히 연결된 출판사 편집장 생각은 대중 불서라도 불서 번역을 아무에게나 맡길 수는 없는 노릇이라서 글쓰기 경험이 없는 나에게 부탁을 한 것이었다.

그 뒤 한 권의 번역이 두 권으로 이어지고 십여 권의 번역서가 나오기까지,

나름으로 적당한 용어 표현 때문에 많이 고심하고 탐문 및 연구를 해야 했다. 나름으로 영어권 불서 번역의 문제점에 대해 글도 쓰게 되었고, 불교 전문 번역가라는 소리도 듣게 되었다. 또한 불교방송에서 서양불교 지도자들과 그들이 세운 수행센터를 소개하는 일을 6개월 동안 계속했다. 그 작업을 하기 위해선, 국내 최초로 시도되는 일이기에 많은 인터넷 검색 연구와 그들이 저술한 불서를 보는 방대한 기초 작업을 해야 했다. 그때 아마존 외서 전문 구매 사이트에서 사들인 영어권 불서가 지금 우리 집 거실 한쪽 벽을 다 차지하고 있다.

그 방송 내용을 기초로 좀 더 내용을 보강해서 《달마, 서양으로 가다》라는 최초의 서양 불교 소개 서적을 발간했다. 그리고 그 내용을 좀더 실답게 하기 위해 틱낫한 스님이 계신 프랑스의 플럼빌리지를 2년에 걸쳐 두 차례 방문했고, 영국과 프랑스의 불교센터를 40일 간 돌아보며 참으로 가슴이 벅찼다. 일생에 처음으로 내가 하고 싶은 일을, 아무도 의지할 곳 없는 외국에서 홀로 해내고 있다는 자부심과 보람! 낯선 이국 땅에서 만났던 무수한 법과 수행의 형제자매들! 내 나이 50에 마침내 본래의 내 모습이 대륙을 활보한다는 벅찬 느낌!

또한 요즘 시대를 호모 비디오쿠스, 즉 영상인의 시대라고 하는데, 젊은 세대가 영상을 통해 많은 정보를 흡수하고 있다 보니, 불교에도 많은 영상 콘텐츠가 필요하다고 생각했다. 삶을 꿈처럼 물거품처럼 보라는 금강경 말씀과 영상물의 속성이 일치한다. 또한 서양에서는 불교 영화 페스티벌이 열리고, 큰 수행센터에서는 매달 영화의 밤이 열릴 정도로 불교 영화에 관심이 많다. 또한 그림, 사진, 음악 등 문화를 통한 불교 전달도 활발한 데 비해 우리나라에서는 그런 쪽 활동이 미진한 것이 못내 아쉽다.

영화를 좋아해서 틈나는 대로 영화를 보고 이 영화는 이러저러한 면에서 참 불교적이라는 등 나름대로 혼자 생각하던 것들을 글로 써서 연재할 기회가 생기고, 또한 불교 학회에서 발표하기도 했다. 지금은 BBS 불교방송에서 매주 화요일마다 불교와 영화 이야기를 하고 있다.

지금 나는 행복하다. 내가 할 수 있는 일을 내가 하고 싶은 분야에서 하고 있기 때문이다. 그로 말미암아 많은 좋은 사람들을 만나고 그들의 영혼에 조금이나마 양식을 보태주고 있고, 그렇게 일을 하며 내 모습도 매일 발전하니까 말이다. 무엇을 해야 할지 막막할 때 "지금 있는 곳에서 시작하라"는 말씀은 지극히 옳은 말이었다.

얼음 꽃

– 한숙희 | 동국대학교 사회교육원 서예 강사

집에서 10분 걸리는 곳에 수국사가 있다. 도심에 살면서 가까이에 부처님의 전당이 있다는 것에 늘 감사하고 행복하다.

해마다 정초 때면 김천 수도리의 수도암 부처님을 참배한다. 정초가 되면 꼭 들러 새해맞이로 재충전을 하고 와야 한 해가 시작되는 듯한 느낌이다. 겨울 수도암에는 언제나 눈이 쌓여 있다. 기도를 마치고 하산하는 길은 눈에 구르고 미끄러운데, 김천에 나오면 눈이 없을 때가 많다.

수도암의 여름은 모기가 없다. 너무 시원

◆ 한숙희(법명 선명화)
1944년 출생 재적사찰 : 수국사 | 동덕여자대학교 졸업 | 온터 두레회 회장, 한국청소년육성회 부회장, 대한민국 미술대전 심사위원 역임 | 현재 동국대학교 사회교육원 서예 강사, 은평미술협회 부회장

해서 선풍기도 필요 없다. 공해 없는 수도암에서 며칠이라도 사분정근 예불에 참여하는 것이 나를 반성하고 잠시나마 삼매에 들어갈 수 있는 좋은 시간이다.

그런 어느 날이다. 새벽예불을 마치고 후원으로 내려오는 길에 갑작스럽게 날씨가 변하면서 나무에 맺혀 있던 눈꽃이 얼음꽃으로 변하는 것이었다. 잠시 쉬었다가 산천이 너무 아름다워 암자 뒷산을 오르기 시작했다. 고개 위에 서니 온 산천이 다이아몬드 보석을 뿌려 놓은 듯 아름답다. 너무 아름다워 가슴이 두근거리고 감탄사도 멈춘 황홀함, 아름답다, 아름다워. 솟아오르는 아침 햇살에 다이아몬드는 점점 빛이 났다. 아, 여기가 극락, 너무 행복했다.

시간이 흐르면서 밝은 햇살이 나무에 비치고 다이아몬드 보석에 물기가 머금을 즈음, 사시예불 시간이 다가왔다. 예불에 참석하러 법당에 들어서는데 크디크신 돌부처님이 미소를 지으신다. 나는 어머니 품에 안긴 어린아이처럼 마냥 행복하게 웃는다. 기도와 더불어 행복에 빠진 나는 관절염 때문에 부어 오른 무릎이 아픈 줄도 모르고 수없이 절을 하다 보니 사시예불이 끝났다.

법당 앞으로 나오니 앞뒤 산에 물 먹은 다이아몬드가 더욱 빛나게 어우러져 산천이 아름답다. 행복해하는 나를 본 스님께서 말씀하시기를, 나무에 맺힌 다이아몬드 꽃이 얼음꽃이라고 알려주신다. 오랫동안 수도암에 계셨어도 이 얼음꽃이 피는 광경은 자주 보지 못했다고 하셨다. 불심이 부족한 난 산사를 내려오면서 아름다운 다이아몬드 얼음꽃을 가슴에 꼭 안고 깊이 새겼다. 그러고는 한적한 시간이면 그 얼음꽃을 꺼내어 즐기곤 한다. 요 몇 달 사이, 수도암 갈 날을 잡아 놓고 또 가슴 설레고 있다.

법음 전달 새롭게 시작할 터

– 이현정 | 불교방송 아나운서

"불교는 주먹구구식이다. 뭉치기 힘들다. 비 시스템적이다" 등의 비난은 그리 낯설지 않다. 분노에 치가 떨리지도 않으며 순간의 욱하는 성질만 일어나다가 금세 꺼져버리곤 할 뿐이다. 오히려 인정하고 들어가는 모습들이 더 익숙하다면 익숙한 것이 현실이다.

참으로 안타까운 일인데, 그런 면에서 불교방송도 그 역할에 소극적이지 않았나 하는 자책감에 얼굴이 붉어지기도 한다. 21세기 무한경쟁 시대에 종교도 예외는 아니어서 각 종

◆ 이현정(법명 일심행)
1962년 출생 | 재적사찰 : 봉은사 | 이화여자대학교 동양화과 졸업, 동 대학원 석사, 동국대 언론정보대학원 신문방송학과 석사 | 국제포교사 3기 | 현재 불교방송 아나운서

교마다 위세를 떨칠 종교세를 보여주기에 숨이 벅차하기도 한다. 같은 종교에서도 각 사찰마다 각 교회마다 개인별 능력을 보여주기에 열을 올리고 있다.

이러한 상황에서 진정한 불교인의 전당은 과연 무엇인가 하는 질문을 하게 되었다.

① 마음이 통하고 ② 그 통한 마음으로 부처님께 예를 올리고 ③ 부처님을 향한 하나된 마음으로 사회적 구실을 다하며 ④ 사회를 향한 올바른 길을 제시해주고 ⑤ 다 같이 화합하자는 공동의 원을 널리 펼치고 ⑥ 깨끗한 마음과 올바른 사회를 향해 모범을 보여주고 ⑦ 개인과 가정의 올바른 가치관을 세워서 ⑧ 행복을 느끼는 지수가 10위 안에 들어가고 ⑨ 전 세계를 향한 연꽃의 향기를 피워내며 ⑩ 한국불교의 깊은 정서와 힘이 지구상의 해법이 되도록 실천방안을 모색해야 한다.

10여 년 간 내 목소리로 부처님 말씀을 전달하는 일에 위안을 삼아 온 것이 오히려 심히 부끄럽기까지 한 것은 이러한 자문자답을 한 뒤였다. 나는 과연 무엇을 했는가? '불교, 부처님'이라는 후광만 들이대면서 안하무인으로 살아오지는 않았는가. 부처님을 등에 업고 그에 걸맞은 어떠한 적극적이고 건설적인 생각과 행동을 했는가.

어떠한 일을 함에 자신의 올바른 기둥이 모든 것의 초석이 된다는 것을 느끈다. 불자들의 한마음 한마음도 물론 절실하지만 어찌 보면 대한민국의 자긍심으로까지 확대해서 생각해야 하지 않을까 싶다. 우리 역사의 대부분은 불교며 조상 대대로 흘러내려 온 DNA에도 불교적 정서가 가득 담겨 있을 것이다. 전통문화를 되살리자는 의미에서도 그 맥을 같이 해야 하며 세계로 향한 포효에서도 불교가 빠져서는 이야기가 될 수 없기 때문이다. 이러한 나만의 거창한 의미 부여가 많은 불자들에게 와 닿지는 않더라도 꾸준히 '불사'를 이뤄내야 불자로서의 도리를 다하는 것이 아닌가 싶다.

불교방송은 이제 청년기에 들어섰다. 부모에게서 독립할 수 있는 나이가 됐고 자신의 의지를 표명할 때도 됐다. 스스로 세상으로 나아가 세상을 향해 무언가를 해야 할 때가 된 것이다.

이제 겨우 시작 선에 섰을 뿐이다. 그러나 시작이 반이어서 큰 희망과 발원과 믿음을 토대로 이뤄내도록 기도할 것이다. 어떠한 일이든 참회와 발원이 없이 성취되는 일은 없을 테니까. 끊임없는 자기 수행과 함께 충전된 불심을 꽃피워 보려 한다.

부처님의 힘으로, 부처님을 향한 마음으로, 부처님을 받드는 자세로, 부처님 앞에서 참회하는 숙연한 마음으로.

모든 것은 내게서 시작되어
내게 돌아옴을 알아

– 최현태 | 대구불교방송 아나운서

미당 서정주 시인이 그러셨다. "나를 키운 건 8할이 바람이었다."

그리고 보면 내가 불자라는 이름으로 살아갈 수 있었던 것은 부처님의 나라 인도에서 느꼈던 감동이 아니었나 싶다.

새로운 밀레니엄이 시작되었다고 세상이 들썩거리던 2000년 1월, 인도로 출발할 날을 앞두고 있던 내게 누군가가 부처님 나라로 다가가는 지금 마음이 어떤지를 물었다. 그때 난 이렇게 대답했다.

"어느 책에서 읽으니 '성지순례를 마치고 서울 공항에 도착하는 이들의 얼굴은 붓다의 모습이 되어 있다' 라고 했던데, 나도 그럴 수 있으면 좋겠다."

그렇게 시작한 인도 성지순례. 캘커타 공항에서 인도를 처음 만났고, 부처님께서 태어나 고행을 하시고 깨달음을 이루시어 전법을 하던 길을 따라 열반하신 곳까지 걸었다. 소녀 수자타가 부처님께 공양 올렸던 네란자라 강을 맨발로 건너는 행복을 안고, 사람들로 물결치는 보드가야 대탑 사원에 엎드렸다.

세계 각국에서 온 순례자들의 투명한 염불 소리는 보리수나무를 휘감아 돌았고, 푸자(puja)라 불리는 꽃불을 띄워 보낸 갠지스 강에선 반야심경의 '아제아제바라아제 바라승아제 모지사바하' 가 저절로 되뇌어졌다.

'항하사 모래알처럼' 으로 기억하는 그 곳 갠지스에서 힌두교 순례자들은 몸을 씻고 있었고, 이승을 떠난 사람들은 한 줌의 재로 변해가고 있었으며, 여행자들은 배를 타고, 헐벗은 아이들은 '박시시(적선)' 를 외쳤고 개들은 어슬렁거렸다. 그야말로 세상의 모든 풍경이 그 곳에 다 있는 듯 했다.

불두화가 피어 있는 기원정사에서는 부처님과 제자들이 행보하셨던 길을 따라 돌면서 금강경을 독송했는데, 이 무슨 호강인가 싶기

◆ 최현태(법명 원음성)
1956년 출생 | 재적사찰 : 정토법당 | 전 울산MBC 아나운서, 해인사 비로자나데이 · 통도사 개산대재 · 불국사 영산재 등 불교행사 및 산사음악회 진행 | 현재 대구불교방송 포교 프로그램 〈무명을 밝히고〉 〈영남불교의 현장〉 진행

도 했다. 특히나 이른 아침, 담요 하나 걸치고 잔뜩 웅크린, 내 눈에는 절대빈곤으로밖에 보이지 않는 인도인들이 한결같이 웃고 있는 모습을 보면서, 내가 그들보다 따뜻하게 입고 좀 더 쾌적한 집에서 배불리 먹는다고 과연 행복한 것인가, 한국에서 나는 저리 웃을 수 있었나를 반문해 보았다.

인도로 떠나기 얼마 전, 나는 남편을 저 세상으로 떠나보냈고 남겨진 나 자신과 세 아이들에게 주어진 가혹함에 억울함과 분노가 채 가라앉기도 전이었다. 가만히 헤아려 보니 나는 가진 게 참 많았다. 그제야 쳐들고 있던 고개가 숙여졌다.

성지순례가 끝나고 금강경 강의를 들으면서 날로 환희심이 일었다. 어느 날 자원 활동가 교육을 받으며 전업주부로 살던 내게 좋아하는 방송 일을 다시 할 수 있는 좋은 인연이 다가왔다.

한 번도 빠지지 않고 들었던 금강경 강의는 불교방송에서 포교 프로그램을 진행하는 바탕이 되었고, 온 마음으로 부처님 앞에 엎드려 간절한 마음으로 기도해 봤기에 방송 중에 기도하는 불자들을 만나면 그들의 심정을 읽을 수 있어 더 좋았다.

내가 존경하는 스님께서는 수행과 일, 그리고 공부가 따로 있는 것이 아니라고 가르침을 주셨다. 모든 사람이 그러기 쉽지는 않겠지만 나로서는 일과 수행, 공부가 하나로 이어지는 삶을 살 수 있었으니 이 또한 얼마나 고마운지……

요즘 내 일터는 곳곳의 천년 고찰이며 맑은 스님 수행하시는 도량이다. 따로 시간을 만들어서 가는 것이 아니라 일을 하러 가서 부처님을 뵙고, 그 가르침 새길 수 있으니 그것 또한 복이요, 그 곳에서 신심 있는 불자님들을 만나면서 마음까지 챙길 수 있으니 새삼 부처님 법 만난 것을 기뻐한다.

모든 것은 내게서 나아가 내게 돌아옴을 안다. 다만 알고도 실천하지 못하는 어리석음에서 벗어나고자 부지런히 정진하겠다. 부처님 제자 됨이 자랑스럽다.

부처님의 가피로 모두 행복하세요

– 고두심 | 연기자

부처님의 가피력에 감사기도 올린다. 1972년 연기자 생활을 시작했으니 올해가 연기생활 만 35년이 되는 해다. 뒤돌아보면 감사해야 할 일들이 많이 있다.

부처님의 가피력을 과학적으로 증명하기는 힘들겠지만, 문득문득 부처님의 보살핌으로 잘 살아가고 있다는 느낌이 든다. 그때마다 더더욱 반듯하게 살아야겠다는 의지를 다진다. 내가 새로운 사람을 사귀는 일에 머뭇거리고 옛 인연을 소중하게 생각하면서 관계를 유지하는 것은, 새 인연을 지어서 유지하는 일이 그리 녹록하지만은 않기 때문이다. 여러 사람에게 고르게 충실하기란 여간 힘든 일이 아니었다.

내 고향 제주도와 관련된 일에 우선순위를 두는 것도 그와 같은 맥락이다.

나이 먹고 늙어서 나를 찾는 이들이 뜸해질 때쯤, 내 고향 제주도로 내려가서 옛 인연들과 함께 여생을 보내는 것 또한 의미 있는 일인 것 같아서 마음 준비를 하고 있다.

부처님 가르침의 핵심인 '인연법'은 사람다운 삶의 모습이 어떤 것인가에 대한 생각을 하게 한다. 내가 35년 전 MBC 5기 연기자로 첫발을 들여 놓았을 때 분장을 담당한 분이 있다. 그분은 현역에서 은퇴하고 오래 전 부인을 먼저 보내고 무남독녀 외딸마저 출가시켰는데, 당이 높아서 홀로 음식 조절까지 하면서 생활하고 계신다.

얼마 전 막을 내린 MBC 일일연속극 〈얼마나 좋길래〉 녹화가 있던 날, 그분을 방송국으로 모셨다. 예부터 인연을 맺어 오던 분들과 오랜만에 한자리에 모여서 저녁식사를 마치고 아주 적은 용돈을 넣어드렸더니 한사코 사양하셨다. 그 돈을 택시 안에 던지듯이 넣어드리고 돌아서는 마음이 가벼웠다. 오로지 돈을 벌기 위해

◆ 고두심
1951년 출생 | 제주 여자고등학교 졸업 | MBC 공채 탤런트 | 현재 서울가정법원 가사조정위원, 축산을 사랑하는 시민의 모임 공동대표, 〈아줌마는 나라의 기둥〉 후원회 회장

서 일을 끝내고 돌아가던 날과는 사뭇 다른 기분을 경험했다. 내가 그분을 모시고 식사를 하려 한 것은 부처님의 '연기법'이 문득 떠올랐기 때문이다.

이렇듯 부처님의 가르침이 머리에 떠오를 때마다 아주 작은 일이지만 의미 있는 일을 한다. 나와 인연 맺은 모든 이들이 부처님의 가피력으로 행복하시기를 기도하면서…….

중생을 다 건지오리다.

번뇌를 다 끊으오리다.

법문을 다 배우오리다.

불도를 다 이루오리다.

나무석가모니불 나무석가모니불 나무 시아본사 석가모니불.

이른 봄에 시어머님을 추억하다

- 여운계 | 연기자

나는 결혼하기 전까지는 불교하고는 전혀 인연이 없었다. 동네 안암골에 있는 개운사에 산책코스로 몇 번 가 본 것 말고는 절을 일부러 찾은 적이 없었다. 결혼하면서 절에 다니는 시댁식구들을 따라 몇 번 아무 생각 없이 절에 가기 시작한 것이 인연이 되었다.

아무 생각 없기는 40년이 지난 지금도 마찬가지인 것 같다. 단지 좀 더 알아야 할 것 같고 배워야 할 것 같고 좀 다급하고 답답함을 느끼는 것이 조금 다르다면 다르다고 할 수 있을

◆ 여운계(법명 고금심)
1940년 출생 | 고려대학교 국문학과 졸업 | KBS 공채 탤런트 | 현재 법무부 범죄예방위원회 연예인위원

"

것이다. 솔직히 몸만 왔다 갔다 하는 나를 남편은 과히 나무라는 편은 아니니 다행이라고 아니할 수 없다. 남편은 시어머님과는 마주 대하기만 하면 《금강경》이 어떻고 뭐가 경 가운데에서는 최고고 뭐가 어떻고 저떻고, 논쟁이 시간 가는 줄 모르는데 나한테는 아예 기대도 안 하는 것일까.

그러고 보니 시어머니께서는 참 대단한 분이다. 온종일 방에서는 불경 외는 소리가 끊이지 않고, 불법에 대해서는 어느 누구와 토론해도 지는 법이 없었다. 항상 마지막에는 다 시어머니 말씀을 경청하고는 결말이 나는 추세다. 남편하고는 가장 오래 불꽃 튀는 대화가 진행되는 것을, 나는 내 일을 하면서 귓등으로 흘려듣게 되는데, 뭐가 뭔 소린지 하나도 머리에 파고드는 게 없었다.

남편하고 저절로 오래 주거니 받거니 대화가 되는 사람은 시어머니가 처음인 것이 확실하다. 스님이 하는 설법보다는 집안 아녀자가 하는 설법이 훨씬 알아듣기 쉬웠을 텐데 맨날 바쁘게 동동거리다 보니, 시어머님 말씀은 아예 들으려고 하지도 않고 놓쳐버린 것을 생각하니 못내 안타깝다. 시어머님은 항상 가르치기를 좋아하셨다. 주위에 대여섯 명만 있어도 어느새 그 자리가 설법자리가 되는 것이었다.

하루는 동네 약수터에 올라갔다가 깜짝 놀라지 않을 수 없었다. 약수터 주변에 어르신들이 쫙 둘러앉아 있고, 시어머니가 밑에서 설법을 하시는 것이었다. 언뜻 보기에는 한 오륙십 명 되는 것 같았는데, 그 모양이 꼭 그림에서 본 예수님의 산상수훈을 방불케 했다. 그러니까 매일 아침 작은 주전자를 들고 산에 가서서 답답한 중생들을 깨우치고 계셨던 것이다.

오늘 따라 문득 그 명석한 머리의 시어머니가 그립고 존경스럽다. 시어머님은 만족할 만한 한소식을 듣고 가셨을까. 마침 꽃이나 잎이 삐져나오지 못한 물 오른 탱탱한 나뭇가지가 내 가슴을 설레게 하는 초초봄, 활짝 만개한 봄보다 나는 지금을 더 좋아한다. 말로 형언할 수 없는 나무 색깔, 꽃을 피운다는, 잎을 피운다는 희망을 품고 있어서 그 색깔이 그지없이 황홀하다.

나도 뭔가 이루어 보겠다는 꿈을 버리지 않고 있으니 과히 추한 모습은 아니지 않을까 싶다.

'노래 보시'로 얻은 깨달음

– 임부희 | 가수

장터 입구에서 버스를 기다리가 때마침 미나리를 다듬던 밥집 아낙네의 구성진 노래를 들었다. 반은 푸념이고 반은 노래였는데, "세월아 네월아, 너나 혼자 가지, 오매불망 정든 임은 왜 데려가냐"였다. 〈청춘가〉 쯤으로 보이는 이 짧은 가락의 노래를 듣는 순간, 나는 숨을 죽여야 했다. 무대가 무슨 소용이랴, 목소리나 옷차림이 무슨 소용이랴. 가다듬어 내는 소리도 아니었건만 그 노래는 나의 영혼을 사로잡는 데 부족함이 없었다.

그 아낙네의 순결한 공명은 어디에서 오는 것일까, 그 아낙네에게 음악의 3요소인 리듬·선율·화성을 적용할 수는 없다. 물론 노래의 심사기준이 되는 음정·박자·발성의 3요소를 적용할 수도 없는 일이다. 그런데 그런 것에서 자유로운 그 아낙네의 노래는 분명 나를 공명시켰고 그 여운은 꺼지지 않고 남아 있다.

한 음절의 좋은 노래는 무더운 공간에 불고 가는 한 줄기 바람과 같은 것이라고 생각한다. 그것은 부르는 사람 자신의 영혼을 씻고 지나가는 바람이기도 하고, 듣는 사람의 피곤한 영혼을 씻어주는 바람이기도 한 것이다. 인도의 상가세나Sanghasena가 쓴 《백유경百喩經》에는 이런 이야기가 있다.

한 왕이 유명한 악사에게 훌륭한 음악을 연주해주면 천 냥을 주겠다고 했다. 악사는 음악을 연주해주고 돈을 받고자 했다. 왕이 말했다. "그대의 음악은 훌륭하오. 그러나 그 음악은 나만 들은 게 아니라 그대의 귀가 먼저 취했으니 그대가 먼저 돈을 내놓아야 하오."

이 우화는 돈을 주고받음에 초점을 둔 것 같지만 실은 사람의 마음에 초점을 두고 있다. 음악을 하는 사람은 자신이 공명하지 않고는 남을 공감시킬 수 없으며, 자신의 영혼을 공명한 뒤에라야 남을 공명시킬 수 있다는 이야기

◆ 임부희(법명 묘음성)
1948년 출생 | 재적사찰 : 법
륜사 | 경동대학교 관광경영학
과 졸업, 동국대학교 불교대학
원 사회복지학과 수료 | (사)한
국음악저작권협회 위원, 한국
연예협회 가수분과위원회 임
원, 법무부 범죄예방 종교지도
위원 | 현재 동국대학교 사회
교육원 가요 전문지도사 지도
교수

다. 노래 또한 자신의 공명을 드러내는 행위이며, 그 공명으로 남을 공감시키는 예술이다.

한평생 노래가 좋아 '노래 보시'를 하며, 대학의 생활음악 강단까지 서온 나는, 요즘 노래하기가 더욱 어렵다는 걸 느낀다. 그것은 리듬, 선율, 화성을 따지기에 앞서서, 음정, 박자, 발성을 생각하기에 앞서서, 자신을 공명시키는 일이 중요하다는 사실을 절실히 느끼기 때문이다.

예술가에게 영혼이 비칠 만큼 순수한 공명을 유발시키는 일은 무엇보다도 중요하다. 돈이나 부동산 같은 것들로 가득 차 있고서야 어찌 남을 공명시킬 수 있겠는가. 밥집 앞에서 미나리를 다듬으며 나를 공명시켰던 그 아낙네의 순박한 한 음절 노래가 그리워진다.

미토콘드리아 유전

– 이윤수 | KBS 방송작가

오늘, 방송에 출연한 한 박사님에게서 미토콘드리아에 관한 얘길 들었다. 우리 몸에서 나오는 에너지는 가장 작은 세포인 미토콘드리아에서 유래한다고 한다. 그런데 이 미토콘드리아는 어머니를 닮은 모계성 유전을 한다고 한다. 어머니와 아버지에게서 염색체는 똑같이 반반씩 받지만 세포의 세포질, 즉 미토콘드리아는 어머니한테서만 받는다는 것이다. 지구상의 모든 생명체는 어머니의 어머니, 그 어머니의 어머니를 통해서 이어져 온 세포질 유전을

◆ 이윤수(법명 여여심)
1963년 출생 | 재적사찰 : 원각사 | 서울여대 국어국문학과 졸업, 중앙대학교 예술대학원 석사 | KBS TV 〈문화가 산책〉, KBS1라디오 〈이주향의 문화포커스〉 등 집필 | 현재 KBS 1라디오 〈지금은 실버시대〉, 불교방송 〈불교음악의 세계〉, 국악방송 〈문화사랑방〉 집필 중

한다는 이야기다.

그 이야기를 들으면서 미토콘드리아의 세포질 유전이 오늘의 나를 만들었구나 싶었다. 어머니의 어머니, 그 어머니의 어머니를 통해서 길고 긴 세월 동안 이어져 온 불심 또한 내겐 미토콘드리아 유전인 것 같다.

종가의 종부였던 할머니는 할아버지를 일찍 여의셨다. 대궐 같은 외갓집은 항상 일하는 사람들로 넘쳐났는데, 지금 생각하면 몸 불편한 장애인이 대부분이었다. 그들을 거두고 챙기시면서 그들의 도움을 받으셨던 할머니. 신심 깊은 할머니께선 너른 종가를 나누고 베푸는 장소로 활용하셨던 것 같다.

방학 때면 공양 올릴 곡물들을 정갈하게 챙기신 할머니의 치맛자락을 붙들고 산 너머 절을 찾는 일이 어린 내겐 가장 신명나는 일이었다. 박물 장수도 쌀밥으로 극진하게 대접해 보내신 할머니를 고스란히 빼어 닮은 어머니는 여든 가까운 나이에 지금도 이웃들을 위한 봉사와 기도로 하루를 보내신다. 관절이 아파 힘겨워 하시면서도 병원 치료 받을 시간이 어디 있냐 하시며, 어려운 이웃들을 헌신적으로 돌보면서 생활하고, 틈나는 대로 기도정진하며 살고 계신다. 그런 할머니와 어머니를 곁에서 보고 자랐다. 그분들의 걸음걸음은 온전한 내 삶의 거울이 되었다.

그런데도 20대 때엔 불교를 머리로만 이해했던 것 같다. 경전을 찾아 읽고 불서를 챙겨 읽어서 불교를 좀 안다는 것으로 힘을 삼아 왔다는 생각도 든다. 불교 밖에서 부처님 가르침을 전하고 부처님 가르침을 실천해 오면서 이젠 가습이 뒤따르지 않는 불교란 헛되다는 생각을 갖게 되었다. 불교가 부처님을 믿는 종교지만, 그건 다시 말하면 진실로 부처님을 닮아 살아가려는 일이라고 생각한다. 벽에 부딪칠 때마다 부처님은 이럴 때 어떻게 문제를 푸셨을까를 생각한다. 일상에서 어떻게 부처님을 닮을까를 고민한다. 부처님의 좋은 제자로, 부모님의 좋은 자녀로, 일터에선 좋은 작가로, 가정에선 좋은 엄마로 살아가기 위해서 정진한다.

누구라도 그러하듯이 젊은 날엔 출가를 꿈꿨다. 그건 어쩌면 용기 없이 지금껏 꿈꾸는 일인지도 모르겠다. 날밤 새고 매일 방송 원고를 쓰는 게 일이다 보니 살림은 젬병이다. 그러니 절집 공양주를 감히 꿈꿀 엄두는 나지 않는다. 그러나 먼 훗날 자식들 훌훌 털어내고선 절에 들어가 기도하고 정진하며 살기를 소망한다. 그때도 내게 글 쓸 여력이 주어진다면 이 땅 불교계를 위한 뜻있는 글 작업에 매진하고 싶다.

이 모든 것이 헛된 꿈이 되지 않기 위해서 나는 지금도 치열하게 산다. 부처님의 하루하루가 그러하셨던 것처럼…….

부처님의 명훈가피

– 김주효 | 전 전국병원불자연합회 회장

내 능력과 노력 이상의 대가를 받으며 평탄하게 불행을 벗어나 살았던 내 삶이 부처님의 명훈가피라는 것을 깨달은 것은 그리 오래지 않았다.

1945년 8월 15일 일제 식민지에서 해방되던 다음날, 어머니는 나를 낳으시고 "대한민국 만세!" 기쁨의 함성 소리에 산후의 고통도 잊은 채 맨발로 나가 보셨다고 한다.

두 아들 다음으로 딸을 얻으신 기쁨 또한 있었기에 유아기부터 나는 부족함 없는 축복과 사랑으로 성장했다.

물 맑고 공기 좋은 시골에서 자라면서 큰 욕심도 치열한 경쟁심도 몰랐다. 여러 형제들과 어울리며 일찍부터 철이 들었고, 학교에선 모범생과 집에선 효녀로 늘 칭찬 받으며 자극 없는 생활에 익숙한 어린 시절을 보냈다.

그러나 고등학교부터 대학원에 이르기까지 또한 꿈에 그리던 간호사가 되어 40여 년을 공직에 봉직해서 오늘의 내가 있기까지, 용기와 자신감을 주고 그 길을 갈 수 있도록 길잡이가 되어준 고마운 분들과의 인연에 감사한다.

내가 어릴 적, 어머니는 한 해 농사를 수확해서 쌀을 도정해 오면 제일 먼저 절에 불공드릴 쌀을 따로 덜어 놓았다. 그리고 이를 다시 깨끗이 고르고 손질해서 머리에 이고 20여 리가 됨직한 거리를 걸어 절을 찾아가곤 하셨다.

나는 몇 차례 어머니를 따라가 부처님께 절을 올렸다. 그리고 어려운 사람을 돕고 베푸는 법을 보고 배웠다. 그리고 어느 때부터인가 긴급한 일이 생길 때마다 나도 모르게 관세음보살을 부르며 의지하고, 잠자기 전에 관음염불을 한다. 그러나 적극적인 신행생활은 하지 못했다.

맏딸, 직장인, 외며느리, 아내, 엄마의 임무만도 늘 버겁게 느끼며 현재 주어진 임무에 충

◆ 김주효(법명 공적)
1945년 출생 | 재적사찰 : 영화사 | 공주간호학교 졸업, 방송통신대학교 가정학과 졸업, 고려대학교 교육대학원 간호교육 전공 | 국립서울병원불자회장, 한국공무원불자연합회 초대 부회장, 전국병원불자연합회 회장 역임

실하며 살았다. 1992년 내가 근무하던 국립서울병원 간호사를 중심으로 직원 불자회를 조직, 치료실 바닥에 담요를 깔고 점심시간을 이용해서 법회를 시작했다. 어렵사리 법회 공간을 허락받아 석가모니 부처님을 원만 조성하고 점안법회를 하던 날, 얼마나 환희심에 떨리고 가슴 벅차던지, 지금도 잊을 수가 없다.

차츰 불자들의 수가 늘어나고 매주 월요법회 봉행과 성지순례 등을 통해 친목을 다져 가자, 직장 내 다른 종교인들의 부러움을 사기도 했다. 종교 간 상호 이해와 유대관계를 다지는 데에도 소홀하지 않았으며 불자들의 애경사에 앞장 서 서로를 돕고 이해하는 데 솔선했다.

직장 내 종교 활동을 하면서 얻게 된 효과는 실로 상상 외로 컸다. 직장법회를 운영하는 게 그리 쉬운 일은 아니지만 서로 하나가 되는 원력으로 날이 갈수록 결속이 강한 불자회로 성장했다.

상근 지도법사가 없어 인연이 되는 스님을 모시고 법회를 했으나 어려움이 많았다. 사정을 전해 듣고 자청하여 봉사해주신 명성여고 이학주 교법사님께 깊이 감사드린다. 10여 년 간, 현재까지 하루도 빠짐없이 정기법회 집전을 맡아주시고 유인물을 준비해서 법문까지 해주지 않았으면 정기 월요법회를 지속하기는 불가능했을지도 모른다.

2000년 대한불교조계종 포교원의 후원 아래 전국병원불자연합회를 창립해서 초대회장을 맡았고, 뜻을 모은 몇몇 병원들과 함께 창립 당해 연도부터 농촌 의료봉사를 시작했다.

진료에 필요한 각종 물품과 의약품을 관광버스에 싣고 가서 그야말로 이동식 종합병원을 차리고 진료를 했다. 때마다 진료 장소의 여건과 환경이 달라 준비하는 데 많은 어려움이 따르기도 했다.

포교원과 한국공무원불자연합회에서 적극적으로 후원해주었고, 직접 찾아와 격려해주기도 했다. 현지 공무원불자회를 통해서도 지원을 아끼지 않았다. 덕분에 지방 유지들읍·면장, 이장, 지방의회 의원 등이 방문해서 치하하기도 했다.

상을 내지 않고 조용히 해야 할 봉사라고 생각하니 봉사를 한 것인지, 폐를 끼친 것인지, 사뭇 걱정이 되기도 했다. 그러나 횟수를 거듭하면서 의료봉사뿐 아니라 현장 포교에도 기여하는 바가 큰 것을 느끼며 긍지와 자부심을 갖게 되었다. 소중한 인연으로 한마음이 되어 봉사하고 회향할 때마다 서로 덕담하고 기뻐했던 모든 분들께 깊이 감사한다.

의료봉사를 통해 포교에 기여한 공로로 불기 2546년2002년 과분하게도 대한불교조계종 14대 포교대상 원력상을 수상했다. 현재는 2대 회장단과 의료봉사단장을 비롯해서 많은 분들의 성원으로 해외 의료봉사까지 사업을 확장, 봉사를 계속하고 있다.

어려움이 전화위복이 되기도 하고 의외로 순조롭게 풀리며 걸림 없는 삶, 이 모두 부처님의 명훈가피라고 확신한다. 부처님 법을 만나게 해주시고 내 삶에 소중한 분들과 인연되게 해주심에 감사드린다.

불교와의 인연에 감사하며

- 오현숙 | 순천향대학교 구미병원 진료의뢰센터 팀장

어릴 때 할머니와 어머니를 따라 절에 가던 기억이 아련하다. 그것이 불교가 내 안에 잠재적으로 자리잡게 된 첫 인연이라고 할 수 있다. 어머니께서는 내 태몽으로 절에 등불을 들고 가는 꿈을 꾸셨다. 그 등불은 간호사로 걸음마를 시작하는 나이팅게일 선서식 때의 등불과 연관이 되면서 내 삶에서 특별한 의미를 갖게 된다. 그 등불의 의미는 불교라는 종교가 내 잠재의식 안에서 서서히 기지개를 켜게 했는지도 모른다.

결혼을 한 뒤 세 동서와 시누이들과 함께 절에 다닌 것이 내 안의 불교를 실행할 수 있는 계기가 되었다. 비록 대구와 부산에 떨어져 살았지만, 명절에 만나면 차례 준비를 마치고 난 뒤 팔공산 갓바위 부처님을 참배하면서 한마음으로 새해를 시작하고 계획하는 것이 우리 가족의 큰 행복이었다.

부처님의 가피 안에서 항상 나를 점검하고 반성하며 하심할 수 있는 마음을 가질 수 있게 되어 항상 감사한다. 누구의 강요 때문이 아니라 스스로 생활에서 자발적이고 창의적인 삶을 영위하는 데 가까이 계신 스님에게서 많은 위안을 받을 수 있었다.

특히 직장 동료들과 참석한 해인사 하계 수련대회에서 배운 불교에 대한 기본 예절과 법문은 내게 불교와 더욱 단단하게 끈을 잇게 해주었다. 부처님의 에너지는 직장과 가정생활에 좀 더 충실해지도록 나를 이끌었다.

그 뒤 백팔 대참회문과 절 수행, 불교방송을 이용한 가정 예불을 하며, 나름대로 기도 일정을 잡아 사경을 하거나 《천수경》을 비롯한 경전을 읽고, 포교원이나 신도회 행사, 성지 순례, 직장 직능 모임병원불자회 의료봉사에 참석해서 불교의 근본을 실생활에 적용시키기 위해 노력한 것은 변화와 혁신에 적응할 수 있는 징검다리 구실을 해주었다. 간호사 리더로 일하

◆ 오현숙(법명 여연화)
1955년 출생 | 재적사찰 : 구미 도리사 | 대구과학대 간호학과 졸업, 한국방송통신대학 가정학과 졸업, 경북대학교 보건대학원 석사 | 현재 순천향대학교 구미병원 근무, 경상북도 간호사회 회장, 경북 간호봉사단 단장, 경상북도방위통합위원, 의료심사조정위원, 민방위 소양강사, 구미시 민주평화통일자문위원, 구미1대학 및 김천과학대학 외래교수, 구미시 노인복지기금 운용심사위원, 여성폭력피해예방 홍보위원

면서 항상 기도하는 마음으로 부처님 명호를 부르며 생활했다. 평안한 마음으로 직무를 잘 수행할 수 있었던 이 모든 것들이 부처님의 가피라고 생각하며, 감사하고 있다.

간호사란 직업으로 20대에서 30대에는 새 생명을 받아내는 부서에서 일하면서 탄생의 기쁨에 함께 행복해했으며, 간호 부서장으로서 15여 년을 잘 보냈다. 지금은 저출산 고령화 시대에 걸맞게 어린이집과 어르신 마을의 복합적인 조화를 생각하며 노인의료복지학과 박사과정을 늦은 나이에 시작해서 전문적인 돌봄을 불교와 접목시키는 공부를 하고 있다. 이러한 학업을 바탕으로 좀 더 전문화된 자원봉사를 하고자 하며, 마지막 생을 마감하는 분들께 평안함을 드릴 수 있는 버팀목으로, 불교가 많은 영향을주었으면 하는 바람이다.

노인요양보험 시작과 더불어 자원봉사자 교육을 불교계가 운영하는 복지관에서 시행하고 있다. 그러나 좀 더 활성화되도록 재적사찰에 뿌리를 둔 봉사단체들이 열정적으로 활동해서 세계화를 향한 불자들의 인적자원 개발이 조직적으로 이루어졌으면 하는 바람이다.

남에게 강요하지 않고 내 자신의 능력만큼 마음공부를 하면서 사색하고, 내가 지은 만큼의 복을 누리며 살 수 있고, 말없이 남에게 베풀 수 있는 마음 훈련을 할 수 있어서, 난 불자라는 사실이 행복하다. 불교가 오랜 역사 속에서 우리 민족과 함께 해오면서 우리 문화 속에 녹아 있어서 더욱 좋다.

나무 관세음보살.

나의 신행생활

– 이영숙 | 한국전력의료법인 한일병원 의무기록실 과장

학교 생활기록부에 내 종교를 묻는 종교란이 있었다. 당시에 나는 특별히 종교가 없었지만, 무심히 어머니가 절에 다닌다는 사실 때문에 '불교'라고 채우곤 했다.

그리고 내가 절은 찾은 것은 친정아버지께서 돌아가셔서 천도재를 지낼 때였다. 지금부터 40여 년 전인데, 서울 변두리의 작은 사찰로 기억한다. 법당에 모셔진 탱화신중탱화인 듯는 물론 전체적인 절의 분위기가 무척 생소하고 어두웠다. 아버지를 보내는 슬픔 때문에 더욱

◆ **이영숙(법명 시화)**
1947년 출생 | 재적사찰 : 법왕사 | 현재 한일병원 의무기록실 과장, 한일병원 불자회 회장, 병원불자연합회 고문

그랬던 것 같다.

　그 뒤 결혼해서 절친한 친구의 계속된 권유로 경기도 현리에 있는 현등사에 다녔다. 그러나 사월초파일을 비롯해서 법회 등에 참석은 했지만, 그다지 신심을 키우지는 못하고 있었다. 부처님 법이 무언지도 모르고 그저 내 자신과 가족의 복福만을 소원하는, 무늬만 불자였던 시절이었다. 부처님 법을 깊이 있게 공부해야겠다는 마음보다는 절에서 지켜야 하는 계율이나 불법佛法 등이 편하게 느껴지지 않아 부담스러웠고 거부감이 앞섰다.

　물론 지금 생각하면 불법 속에 진정한 자유와 평안함이 있는 것을 깨닫지 못한 무지의 소치였다. 진정으로 부처님을 받아들이지 못한, 참으로 어리석고 부끄러운 불자였다. 인생을 살면서 크고 작은 힘든 일이 누구에게나 있겠지만, 자식 문제로 절망하고 극복하기 힘들 때, 내 자신을 지탱하기조차 힘든 한계에 부딪혔을 때, 절박한 심정에 한없이 나약해진 나를 뼛속 깊이 참회하며 매달릴 수 있는 부처님 도량이 있었음을 깊이 감사한다.

　나를 스스로 다스리고 참고 기다릴 수 있는 힘을주는 것이 부처님 법이라고 믿는다. 그 힘에 기대 1999년에 30년 넘게 다닌 직장에 처음으로 불자회를 창립했다. '반야회한국전력 불자회' 를 비롯해서 주변의 많은 도움이 이를 가능하게 했고, 그를 계기로 병원 불자회 창립 멤버로서 의료봉사에도 참여할 수 있게 되었다.

　요즈음에는 일요법회포천 법왕사에 매주 참석하고, 다른 신도님들의 조상 천도재도 도와드리면서 부처님의 가피를 새삼 확인하고 있다. 어느새 어떤 어려움이 닥쳐도 부처님 힘을 믿고 기다리는 여유를 부릴 줄 알게 된 내가, 진정한 부처님 제자가 아니겠는가?

꿈만 꾸면 천지에 부처님이 가득

- 김영숙 | 국립재활원 법우회장

어머니는 거의 절에서 생활하다시피 할 정도로 불심이 깊으셨다. 초등학교 때, 하루는 내게 물으셨다.

"금붕어가 노는 맑은 강물이 좋으냐, 산 속 바위틈에서 떨어지는 약수가 좋으냐?"

나는 산 속 바위틈에서 떨어지는 약수가 좋다고 대답했다. 순간 어머니의 얼굴이 굳어지며, "출가할 인연이 아닌가 보다" 하며 안타까워하셨다. 나이가 들어서도 어머니는 내가 출가하기를 원하셨다.

육이오 전쟁이 막 끝난 시절, 내 고향 익산에도 전쟁고아들이 넘쳤다. 아버지는 그들에게 깊은 애정을 갖고 형편껏 도우셨다. 그런 아버지의 모습이 내 눈에 자랑스웠고, 마음속으로 결심했다. 아버지처럼 되자고……. 그래서 중학교 때부터 양로원 원장을 꿈꿨다.

꿈을 이루기 위해 서울로 올라와 사회복지사 1급 자격증을 따고, 양로원 원장의 꿈을 향해 한발 한발 나아갔다. 처음 입사한 중앙 각심원이 국립재활원으로 바뀌고 지금까지, 33년을 장애아들 곁에서 선생님으로, 때로는 '엄마'로 함께 울고 웃었다.

어느 날, 아이들에게 부처님 법을 전해야겠다는 생각이 들었다. 어떻게 시작해야 될지 몰라 먼저 내가 양재를 가르치는 교실에 제자들을 불러 모아 놓고 불교를 가르쳤다. 나 자신도 별도로 불교 공부를 한 적이 없는지라 어설프긴 했지만, 날 어머니처럼 따르는 아이들은 내 말에 귀를 귀울였다. 나는 "부처님은 이렇게 말씀하셨다"라며 옛날이야기 해주듯 부처님 말씀과 경전 말씀을 전했다. 정식으로 법당을 마련할 때까지 거의 10여 년을 내 강의실에서 법회를 열었다. 종교실이 있는 다른 종교를 부러워하면서…….

◆ 김영숙(법명 원각성)
1950년 출생 | 남성고등학교 졸업, 사회사업지도자훈련원 수료(사회복지 자격) | 장애인 소모임 포교활동, 국립재활원 법당 마련 | 현재 국립재활원 법우회장 겸 재활훈련교사

　　마침내 1986년 국립재활원 법우회가 생겼다. 회원은 많지 않았지만 초대회장을 맡아 신명나게 일했다. 기도를 얼마나 열심히 했는지, 꿈만 꾸면 천지에 부처님이 가득했다. 그리고 1995년, 그렇게 염원하던 법당이 건물 1층에 마련되었다. 지금은 입적하신 정진 스님이 적극 도와주셨다.

　　정진 스님은 내게 어떤 부처님을 모시면 좋겠냐고 물으셨다. 그런데 꿈에 세 부처님이 재활원 앞 개울물에 몸을 담그신 모습으로 나타나셨다. 그 인연 때문인지 우여곡절 끝에 삼존불을 모셨다.

　　어찌 보면, 난 한우물만 파고 살았다. 33년 동안 장애인들 곁에서 숙명인 양 재활교육을 하고 부처님 말씀을 전하는 것 외에 아무것도 해 보지 못했다. 그도 그럴 것이 일 년에 하안거와 동안거에 맞춰 두 번씩 100일 기도를, 그것도 하루 세 번씩 하고 나면 휴가나 여행은 꿈조차 꾸기 어려웠다.

　　21년간 법우회장으로 법당을 운영하고 매주 1회씩 법회를 봉행하는 것만으로도 시간이 너무 짧았다. 그러다 보니 벌써 정년퇴임이 눈앞에 다가와 평생을 보낸 이 법당을 떠나야 할 때가 왔다. 어떻게 떠나야 할지 엄두가 안 나지만, 이 또한 집착이라고 생각해 마음을 추스르는 중이다.

　　요즘 나를 엄마처럼 믿고 따르는 제자들이 노후를 보낼 토굴을 마련하자고 해서 열심히 찾아다니고 있다. 내 노년의 꿈이기도 하다. 조용한 수행터를 만들어 제자들과 함께 수행에만 전념하며 살고 싶다.

불심으로 뿌리는 좋은 씨앗

– 이병순 | 경기대학교 사회교육원 주임교수

마음씨란 '마음 땅(心地)에 심어 놓은 씨앗'에서 나온 말이라고 한다. 마음 땅에 어떤 씨를 심어 어떤 마음가짐과 생각으로 살아가야 할 것인가는, 매우 중요한 과제다. 말과 행동은 생각을 거쳐서 나오고, 생각은 마음씨에 따라 다르게 나오기 때문이다.

나는 1982년에 절친한 친구가 선물한 《반야심경 입문》을 읽고 불법의 오묘한 세계에 빠져들었다. 그 뒤 불교의 진리에 심취하면서 '처처법당'이라는 말을 가슴에 담았다. 그리고 내

◆ 이병순(법명 환희심)

1948년 출생 | 재적사찰 : 봉은사 | 경기대학교 사회복지학 박사 | 현재 경기대학교 사회교육원 사회복지학과 주임교수, 봉은사 연화(어르신)대학 부학장, 전국 노인복지단체 연합회 정책 실무위원, 사회복지법인 영락 노인복지센터 운영위원, 서울특별시 자원봉사센터 부설 연구소 객원 연구원

마음 밭에 어떤 씨를 심을 것인가를 항상 생각하며 살았다. 특히 환경운동과 노인복지를 중심으로 한 자원봉사 활동을 하며 부처님의 가르침을 실천하려 했고, 향기로운 세상을 만드는 데 앞장서겠다는 발원을 늘 마음에 품고 있다.

환경의 중요성을 모르는 사람은 없다. 그러나 아는 것에서 그친다면 아무런 변화를 기대할 수 없다. 일상생활에서 작은 것이라도 실천으로 옮길 때, 좋은 환경, 맑고 향기로운 사회에 한 발짝이라도 접근할 수 있다.

불자들의 환경을 살리는 방법은 예부터 지금까지 전해 내려오는 불교적인 생활방식에 이미 드러나 있다. 불교의 시작은 모든 생명을 소중히 여기는 마음에서 비롯되며 오계 가운데 첫째가 불살생이다. 생명이 있는 것들은 제 목숨을 다하도록 보살펴주어야 한다는 것이 부처님의 가르침이다. 자연은 아무런 대가도 기대하지 않으면서 우리에게 무한정 베풀어주기만 한다. 환경친화적 생활이란 이에 대한 고마움을 느끼는 것에서부터 시작된다는 깨우침이다.

나는 불법을 통해 생명을 있게 한 근원이며 안식이신 어머니, 내 삶의 첫째 번 가치인 어머니의 애자지심愛子之心을 올바르게 터득했다. 그리고 내 부모뿐만 아니라 세상의 모든 어르신들을 부모처럼 모셔야 한다는 사회적 효를 깨달았다. 그리하여 노인복지 공부를 시작하게 되었으며, 어르신들을 잘 모시기 위한 자원봉사 활동을 10년째 계속하고 있다.

앞으로도 건강이 허락되는 한, 어르신 공경 자원봉사에 열심을 다할 것이다. 여기에 그치지 않고 더 많은 사람들의 참여를 이끌어 내는 것이 내게 맡겨진 소명이라는 생각을 한다. 어르신을 잘 모시는 일은 남성보다 여성이 더 적격이다. 결혼과 동시에 집 안으로 꼭꼭 숨어 자신의 능력을 발휘하지 않는 것은 일종의 책임감 회피다. 주부들이 안방과 자신의 울타리를 벗어나 지역사회의 문제 해결에 적극적으로 참여하고 자아를 개발할 수 있도록 도움을 주는 한편, 효과적인 방법들을 개발하는 데 보탬이 되려 한다.

오늘의 내 삶은 불법을 만나면서 이뤄지고 살이 붙었다. 이 시간에도 "어떻게 살 것인가를 고민하면 채우는 삶이 되고, 어떻게 죽을 것인가를 고민하면 비우는 삶이 된다"는 어느 스님의 법어가 뇌리를 맴돈다. 내게 남은 삶이 부처님의 참제자로서 부끄럽지 않기를 늘 기원한다.

오늘은 '즉시현금 갱무시절即是現今 更無時節: 바로 지금 같은 시절은 다시없다' 이란 좋은 씨앗을 마음 밭에 심는다.

불교를 만나 새로운 길에 접어들다

- 이혜숙 | 동국대학교 겸임교수

　가끔 친정 식구들이 모여 어린 시절을 돌아볼 때면 주로, 경제적으로 곤궁했던 것과, 그런 살림도 참으로 알뜰히 살아오신 어머니의 노고를 말하곤 한다. 그러나 특히 내 기억에는 돈의 궁핍보다도 딸을 줄줄이 여섯이나 낳아서 죄인(?)이 된 어머니의 근심이 있었다. 또한 당신 슬하에 아들이 없어서 출가외인 막내딸 가족인 우리와 함께 사셨던 원죄인(?) 외할머니의 슬픔이 떠오른다. 그리고 그러한 내 어머니와 외할머니 앞에서 항상 호랑이처럼 무서웠던 친할머니의 모습이 되살아난다.

　그러니까 나는 아주 일찍부터 인간관계의 갈등을 보았고, 인생의 괴로움을 알게 되었다. 굳이 어린 시절에 낙이 있었다면, 공부를 좀 해서 좋은 성적을 얻고 선생님의 칭찬을 들은 것이 전부라고 할 것이다. 또 그러다 보니 부모님은 내게 이른바 사법고시로 출세를 해서 비록 딸이지만 아들 몫을 해주기를 기대하신 듯 했다.

말수가 적고 내성적이었던 나는 속생각을 접어 두고 처음에 법과대학에 입학은 했다. 그것도 고시생으로 특별장학금을 받고 들어갔으니 시험공부에 주력해야 했는데, 이미 내 길은 다른 곳을 향하고 있었다. 부처님오신날 밤새 연등을 만들고 며칠씩 길을 걸으면서 생각을 한 결과, 본격적인 불교학을 하기로 작정했다. 어머니는 그런 내가 세상을 등지고 산으로 갈까 봐 항상 불안해하셨다.

나는 어리고 가난할 때에도 정말 행복은 돈에 있다고 생각하지 않았다. 세상사 성공이란 것들도 행복을 보장하는 게 아니라는 생각이 들었다. 그러므로 마음 작용이 중요하다는 것을 깊이 느꼈다. 청년기에 오랫동안 나를 들여다보았지만, 결국 나만의 나가 있을 수 없음을 알게 되었다. 불교의 근본은 모든 존재의 상호작용 법칙에 있다는 것을 배웠다. 아들과 딸

◆ 이혜숙(법명 자비행)
1956년 출생 ǀ 재적사찰 : 불이도량 ǀ 동국대학교 불교학과 졸업, 동 대학원 석사·박사 ǀ (사)생명나눔실천본부 사무총장 역임, 불교방송 〈무명을 밝히고〉 진행 ǀ 현재 (사)불교아카데미 원장, 동국대학교 겸임교수, 서울가정법원 가사조정위원, 조계종 사회복지재단 자문위원

이라는 것도 단지 명색일 뿐이고, 나의 어머니, 아버지, 할머니들 사이의 갈등과 고통도 인연법이라고 믿었다. 그렇게 따라 믿으니 묵은 아픔과 원망이 어느 정도 가벼워졌다.

전생의 인연인가, 금생의 인연인가? 나는 어쩐지 사람 사이의 갈등과 고통에 민감한 편인 것 같다. 특히 마음으로 일으키는 고통에 대해서 할 일이 있는 것 같아 사회사업을 부전공으로 선택했다. 솔직히 말해서, 아직도 나는 여러 일에 욕심이 일어나고, 수시로 원망이 떴다 가라앉았다 하는 수준이다. 그렇지만 그런 내 속사정을 통해서 오히려 남의 고통도 함께 할 수 있는 것 같다. 내가 불자라고는 해도 금생에 깨달음은 관심사가 아니거니와, 부디 이웃의 고통을 모른 척하는 경우가 없기를 바랄 뿐이다. 이 길에서 고맙고 아름다운 도반들을 만나는 것이 내게는 큰 즐거움이고 행복이다.

삼보에 귀의합니다

— 김용숙 | 〈아줌마는 나라의 기둥〉 대장

학창시절에 공부하기를 무척 게을리 한 탓에 절대적인 지식이 부족했던 나는 사회생활을 하면서 무식함이 탄로 날까 두려워 전전긍긍했다. 그러던 중 우연히 부처님 법을 접하고는 순간, 머리가 펑 뚫리는 것과 같은 전율을 느꼈다. 그 뒤 부처님의 법에 의지해서 '아·나·기아줌마는 나라의 기둥' 활동을 시작했고, 현재도 부처님 법은 내 삶을 유지하는 근본이 되고 있다.

그러나 내 믿음은 아직 확신이 없는 상태여서 더 이상 신심이 깊어지지 않아 답답한 마

◆ 김용숙
1952년 출생 | 재적사찰 : 대원정사 | 수도여자사범대학교 (현 세종대) 졸업 | MBC 공채 탤런트 | 현재 〈아줌마는 나라의 기둥〉 대표

음도 한구석에 남아 있었다. 예를 들면 일이 좀 잘 풀리면 부처님의 가피 덕분인 것 같고, 그렇지 않으면 부처님의 존재를 부정하는, 오락가락 '나 홀로 불교'에 머물러 있었던 것이다.

평소 교만과 아상을 가진 나는 여전히 나 홀로 불교를 고집했다. 현재 불교적인 삶의 모습들이 과연 부처님께서 기뻐하시는 일일까 하는 것에 대해서도 의문이 풀리지 않았다.

그 가운데 특히 기도에 대한 의문이 많았다. 기도를 왜 하는가? 기도는 어떻게 하는 것이 가장 효과적인가? 그렇게 수년 동안의 방황 끝에 나름대로 기도의 의미를 해석하고 생활화하고 있는 중이다.

그리고 얼마 전부터 내가 주로 사용하는 방에 기도 상床을 마련했다. 그 상에 2005년에 돌아가신 시아버님 사진을 모셔 놓고 시간이 허락하는 대로 기도를 해오던 중, 작년 10월 집안 살림살이를 정리하다가 우연히 함부로 간수해 오던 불상을 발견했다. 죄스러운 마음에 깜짝 놀라서 정성스럽게 부처님을 기도상에 모셨다. 그간 부처님을 함부로 집에 모시지 않는 게 좋다는 지인들의 권유로 부처님을 모시지 않고 기도해 왔던 것이다.

그렇게 불상을 모셔 좋고 가능한 한 매일 천수경 독경과 108배를 하려고 노력하고 있다. 그러나 마음과 달리 이런저런 이유로 기도를 못하는 날들이 많았다. 때로는 꾀가 나기도 하고, 급한 일이 생기면 뒤로 미루기도 했다.

그러던 어느 날 너무 피곤해서 기도를 쉬려고 생각하다가 왠지 마음이 찜

찜해서 힘들게 기도와 108배를 마쳤다. 그런데 오히려 피곤이 눈 녹듯 가시는 걸 느꼈다. 이런 경험을 한 뒤로 더욱 열심히 기도하고 있다. 108배는 중년의 뱃살과 등살도 함께 빠지게 하는 효과도 있는 듯하다.

기도 덕분인지 집안에 좋은 일이 생겼다. 내게는 자식이 아들아이 한 명뿐인데, 그 애는 27세가 되도록 여자 친구를 사귀어 본 경험이 없었다. 어미로서 늘 측은한 마음을 갖게 하던 그 아이가 어느 날 내 후배 소개로 여자 친구를 만나, 올 춘삼월에 결혼까지 하게 되었다.

새 식구를 집안에 들이는 일이 얼마나 중요한 일인지는 예나 지금이나 모두가 공감하는 일이다. 게다가 이혼률이 40~50%를 육박하는 현대사회에서는 더욱 조심스러운 일이 아닐 수 없다. 그런데 분가해서 살 신접살이 집을 우리가 어렵게 마련한 사실을 알게 된 며느리가 시집살이를 자청했다. 물론 결혼을 해서 오래 살아 봐야 알겠지만, 마치 부처님이 맺어주신 듯 며느리의 그런 마음씀이 우리 가족을 행복하게 해주었다.

더구나 며느리 친정어머니께서는 절에서 봉사하는 일을 천직으로 생각하고 매일 절로 출근하신다고 하니, 우리 가족은 며느리를 우리 집 '맞춤 며느리'라며 기뻐하고 있다. 이 모든 것이 부처님과 조상님의 음덕이라고 생각되어 감사할 뿐이다.

부처님의 모든 제자들이 성불하시기 바란다.

나무석가모니불 나무석가모니불 나무 시아본사 석가모니불.

선하라, 그러나 바르게 선하라

― 임도경 | 〈월간 중앙〉 편집위원, 인터뷰 전문기자

이 한 세상 어떻게 하면 업장을 더 이상 짓지 않고, 그간 쌓은 업장도 소멸하며 살 수 있을까. 불교를 마음으로부터 받아들이고 나서 줄곧 머릿속을 떠나지 않는 화두다.

모든 경전은 선행을 하면서 사는 것이 중요하다고 가르치지만, 어떤 것이 선행이고 어떤 것이 악행인가에 대한 답변이 늘 아쉬웠다. 살다 보면 내가 베푼 선을 오히려 악용하는 사람들이 주변에 있고, 올바름을 행하기 위해 악행으로 보이는 일을 해야 할 때도 있었기 때문이다.

이런 나의 고민을 시원하게 풀어준 책을 만났다. 중국의 스님인 정공 법사가 쓴 《운명은 바꿀 수 있다》2006, 불광출판부 발행라는 책이다. 이 책은 이기화 서울대 명예교수가 40대에 불교를 만난 것이 축복이라고 생각하고 널리 회향하

는 마음으로 번역해 세상에 내놨다.

처음 이 책을 손에 잡았을 때는 책 제목 때문에 그간 흔히 접했던 불교적 운명론에 대한 이야기일 것이라는 생각에 큰 기대를 하지 않았다. 하지만 읽어 내려갈수록 책에 밑줄을 그어야 하는 명쾌한 이야기들이 마음을 잡아끌었다.

첫째는 무엇이 '참된 선'이고, '거짓 선'인가 하는 문제다. 대사는 "남을 이롭게 하는 것은 선이고, 자기를 이롭게 하는 것은 악"이라고 정의했다. 만약 남을 위한 것이라면 고함을 쳐도 선이요, 나를 이롭게 하고자 하는 것은 아무리 공경스럽고 예절바르게 보여도 그것은 악이라는 것이다.

둘째는 '가득한 선'과 '반쪽 선'에 대한 것이다. 가득한 선은 마음에서 우러나오는 선이요, 반쪽의 선은 단지 가능한 노력의 일부만 하면서 스스로 착한 사람이라 위안하는 선이다. 자신의 이익을 위해 절에 가서 향을 사르고 공물을 올리는 사람이 이에 해당된다는 것이 정

◆ 임도경(법명 정각행)
1960년 출생 | 재적사찰 : 문수사 | 이화여대 신문방송학과 졸업, 미국 펜실베이니아대학 언론대학원 초빙연구원, 이화여대 정책과학대학원 언론학 석사, 경희대 신문방송학 대학원 박사과정 재학 중 | 경향신문 기자, 뉴스메이커 정치팀장 겸 기획위원, 중앙일보 시사미디어 편집위원 역임 | 현재 《월간 중앙》 편집위원, 인터뷰 전문기자, 서울시 여성정책위원회 사회복지분과 위원

공 스님의 이야기다. 겉보기에 진실한 이 사람들이 그 가족, 심지어는 자손들까지 불운을 당하는 이유다. 이들이 벌을 받는 이유는 부처님이나 보살들을 뇌물을 받는 존재로 생각하기 때문이라 했다.

셋째는 '정직한 선'과 '굽은 선'에 대한 문제다. 대부분의 사람들은 순종적이고 조심성이 많은 사람들을 좋아한다. 하지만 성인들은 이들을 '덕의 도둑'이라 불렀다. 그들은 진리를 몰라 옳고 그른 것을 분간하지 못했기 때문에 주어진 일을 완수하지 못한다. 이는 법을 어긴 것처럼 도덕적 전통을 깨뜨린 것이라고 했다. 위대한 성인과 유덕한 사람들은 비록 고집이 세고 거만하며 때로는 무례해 보여도 능력 있는 사람들을 좋아했다. 이들은 꿈이 있고 과업을 이루는 사람들이기 때문이다. '정직한 선'은 진정성이 들어가 있기에 주변의 일들에 좌우되지 않는 용기 있는 사람들이 실행하는 것이며, '굽은 선'은 진실성이 없이 원하는 것을 얻기 위해 남에게 아첨하는 생각에서 나온다는 말이다.

넷째는 '숨겨진 선'과 '드러난 선'에 대한 것이다. 숨겨진 선을 행하는 사람은 하늘이 보상하고, 드러난 선을 행하는 사람은 명예를 얻을 것이나 하늘과 땅의 귀신들에게 질투를 얻어 불가피하게 재난을 당할 것이라 했다. 공덕을 쌓고자 할 때는 아무도 모르게 조용히 하라는 가르침이다. 칭찬이나 존경에 연연하지 말라는 이야기다.

이렇게 실제적인 선과 겉보기만 선인 것들을 구분하는 지혜를 얻고 나니 한결 머리가 맑아졌다.

남자들보다 감수성이 예민한 여성들은 사회생활에서 많은 갈등을 겪게 된다. 특히 승진해 고위직에 오를수록 이런 갈등은 더 심해진다. 이미 남자들이 만들어 놓은 내밀한 질서 속으로 편입되기 때문이다. 이런 구조 속에서 어떻게 바르게, 또 꺾이지 않고 살 것인가 고민하는 커리어우먼들이 귀 기울일 만한 소중한 교훈을 이 책에서 얻었다.

그물에 걸리지 않는 바람처럼

– 최정희 | 전 〈현대불교신문〉 편집국장

2006년 늦가을 나는 책을 한 권 펴냈다. 책 제목은 《잘사는 법 99》이다. 이 책 머리말에 나는 이런 글을 썼다.

"부처님께서는 삶의 일상에서 일어나는 크고 작은 문제에 대한 해답을 쉽고 자상하게 일러주고 계셨다. 부처님의 육성을 그대로 느낄 수 있는 초기경전에서 부처님은 부모님처럼 스승처럼 우리를 잘 사는 길, 행복하게 살 수 있는 길로 안내하고 이끌어주신다. (중략)

나는 이 책을 만들면서 너무 기뻤다. 부처님께서 나의 생활습관을 하나하나 바로잡아주셨기 때문이다. 부처님은 게으르지 말고 부지런하라고 경전 여러 곳에서 강조하셨다. 마음 다스리는 법과 좋은 벗에 대해서도 자주 말씀하셨다.

늙음과 죽음을 미리미리 대비하고 공부할 것을 일러주셨다. 때로는 살 빼는 법, 재산관리법, 돈 벌고 쓰는 법까지 챙겨 주셨다.”

잘 살기 위해, 행복하기 위해 불교를 믿는 불자들은 부처님께서 일러주신 그대로만 살면 된다. 그렇게 살다 보면 깨달음도 맛보고 언젠가는 탐·진·치 삼독이 다한 수행의 종착역 열반을 향하게 될 것이다. 그러나 부처님 말씀대로 산다는 것이 말처럼 쉬운 일은 아니다. 범부들은 ‘화를 내지 말아야지, 남을 미워하지 말아야지, 인색하지 말아야지, 부지런해야지, 집착하지 말아야지’ 등의 다짐을 때때로 하면서 자기를 들여다보고 점검해도 묵은 습관을 하루아침에 바꾸기는 어렵다.

부처님 말씀에 자기를 비춰보고 반성하면서 조금씩 때를 닦아 보면, 부처님 시절 ‘바보 판타카’가 깨달음을 얻듯, 부처님 말씀대로 살고 있는 자기를 볼 수 있게 될 것이다. 그것이 ‘불자의 삶’이며 수행이다. 즉 수행이란 순간순간을 부처님 가르침대로 살려고 노력하는 것이다.

◆ 최정희(법명 애란자)
1946년 출생 | 재적사찰 : 수효사 | 중앙대학교 신문방송 대학원 수료 | 불교신문 기자 및 현대불교신문 편집국장 역임, 불교방송 〈자비의 전화〉〈피안을 향하여〉〈지금은 불교시대〉 진행

나는 요즘 '그물에 걸리지 않는 바람처럼'이란 말을 자주 떠올린다. 이 말은 《숫타니파타》에 있는 부처님 말씀 가운데 한 구절이다. 나는 미풍에 나뭇잎이 떨리듯 매사에 민감한 나를 본다. 가슴이 답답하고 호흡이 힘들고, 결국 나는 병원을 찾았다. 약을 먹고 침을 맞고 치료를 받으면서 나는 생각했다. '나 스스로 나를 다스려야 한다'고. 그때 떠오른 말이 '그물에 걸리지 않는 바람처럼'이다.

바람처럼 그 무엇에도 걸리고 싶지 않았다. 자유자재하고 싶었다. 나는 문제를 만나면 그 일을 해결할 때까지 놓지 못하고 들고 있는 편이다.

"방하착하라, 놓아라." 귀에 젖은 가르침인데 이제야 나는 이 말을 내 것으로 삼고 있다. '들고 있지 말고 내려놓고 관하자'라고 나 자신에게 이르면서 그물에 걸리지 않는 바람을 연상한다. 내 마음이 매사에 걸림 없이 자재하면 몸도 건강해질 것이다.

"처방전을 주신 부처님 감사합니다."

부처님 일대기만 제대로 읽어도

- 황영채 | 도서출판 〈행복한 숲〉 이사

만약 내가 부처님 당시에 태어났다면, 부처님의 두 상수제자인 목련과 사리불 존자가 그랬듯이 한 눈에 "이분이 나의 스승이시다" 하면서 귀의했을까? 장담할 일이 못 된다. 경전에 보면 두 사람은 이미 과거생에 부처님의 상수제자가 되겠다고 발원하고, 오랜 세월을 두고 이에 걸맞은 노력을 했다고 한다. 이런 사정을 아는 부처님은 두 사람이 나타나자 "어서 와라, 기다리고 있었다" 하고 반기셨다. 그러고 보면 아무나 부처님 당시에 태어나 제자가 되

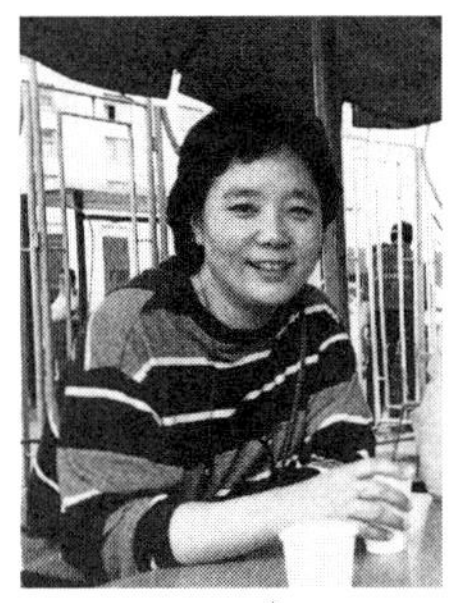

◆ **황영채**
1940년 출생 | 서울대학교 법과대학 졸업, 동 대학원 석사·박사 | 대한국제법학회 명예이사, 아세아여성법학회 이사 | 현재 한국위빠사나 선원 수행지도위원, 도서출판 〈행복한 숲〉 이사

는 것이 아니다. 무수한 생을 두고 일념으로 공덕을 쌓아 온 결과다.

경전에는 또, 부처님 말씀 한 마디를 제자들이 척척 알아듣고 아라한이 되었다는 이야기가 많이 나온다. '부처님의 가피지력 덕분이겠지' 라고 생각할 수도 있지만, 사실 이 경우도 스스로 쌓아 온 바라밀 공덕이 아니면 불가능한 일이다. 부처님과 시기가 맞지 않아서 혹은 부처님을 면전에 두고도 가르침을 받아들이지 않아서 그냥 지나쳐버린 사례도 많다.

결국 부처님도 말씀하신 바와 같이, 부처님은 한 중생도 건진 바가 없는 것이다. 물론 부처님이 상대방 심중을 꿰뚫어 보는 지혜와 방편으로 쉽게 깨달음의 길로 인도할 수 있었겠지만 그것도 과거에 심어 놓은 바라밀 공덕으로 조건이 성숙되었던 것이지 부처님의 신통력 때문만은 아니었다. 원인에 대한 결과이지 누구의 덕분이 아닌 것이다.

그런데도 불구하고 우리는 아직도 부처님이 우주 어디 한곳에 머물면서 우리의 기도를 들어주고 구제해줄 것이라는 미련을 버리지 못한다. 그러나 부처님의 일대기만 제대로 읽어도 이런 사견邪見에는 빠지지 않는다. 부처님은 결코 자신을 신격화神格化하지 않았다. 길흉화복을 주고 군림하는 신의 모습이 아니라, 진리를 찾아 헤매는 한 인간이 어떻게 수행하고 번뇌를 해결했는지를 몸소 실천으로 보여주셨다.

이미 공양을 받아 마땅한 아라한이었음에도 불구하고 무섭게 계율을 지키며 모범을 보이셨다. 시체를 감싸던 수의를 걸치고 걸식으로 연명했으며, 대부분의 나날을 노지露地에서 지냈다. 뿐만 아니라, 희대의 살인마인 앙굴리마라와 창녀의 우두머리를 제자로 받아들였을 때도 음식 주기를 거부하는 주민들의 분노를 묵묵히 받아들였다. 목련 존자가 신통으로 음식을 마련하려 해도 주민들의 마음이 돌아설 때까지 굶고 기다리라고 하셨다.

그리고 스승의 열반에 임해 애통해하는 제자들에게 '법등명法燈明 자등명自燈明'을 말씀하셨다. 여기서 법등명은 부처님 가르침을, 자등명은 자신의 몸과 마음인 오온五蘊을 의지처로 하라는 의미다. 부처님은 와서 알아보고 믿으라고 하셨다.담마위짜야 추상적인 신앙이 아니라 오온을 대상으로 탐구해 보고 얻어지는 확신과 실천, 수행만이 연기緣起에서 벗어나는 길이라고 하셨다.

우리는 이미 불법佛法이 살아 있는 이 시대에 산다는 것만으로도 가피지력을 입었다. 다만 부처님께서 말씀하신 원인과 결과, 사성제와 팔정도를 믿고 수행으로 옮길 때 비로소 그 가피지력이 현실화하는 것이다. 극락이나 가는 것이 우리의 목적은 아니다. 사람 되기가 부처님 손톱 위에 오르는 것만큼 어렵다고 한다. 사람으로 나서 정법 만나기가 또 그만큼 어렵다고 한다.

이처럼 어려운 기회를 만나서 부처님의 가르침을 왜곡하고 복이나 빌다가 생을 마친다면 얼마나 안타까운 일인가. 우리에게는 과감하게 과거의 고정관념에서 뛰쳐나올 용기가 필요하다. 그런 의미에서 제대로 된 부처님의 일대기를 읽는 것도 정견正見을 얻는 데 도움이 될 것이라고 본다.

나의 신행생활

- 김상문 | 청주불교신행회 회장

사람들은 누구나 힘든 시련에 부딪히면 기도를 한다. 나 역시도 교직에 있던 남편이 어느 날 갑자기 쓰러져 병원에 입원했을 때, 매일 법당에서 남편의 병이 낫기를 기도했다. 하지만 문득 나보다 더 힘든 사람들의 얼굴이 떠올랐다. 몸이 아파도 병원에 가지 못하고 방에 혼자 누워 있을 김 할머니, 합의금이 없어 열다섯 나이에 소년원에 가게 된 민재가명, 세상에 태어나자마자 버림받고 보육원에 맡겨진 한 살배기 수정이가명.

어려울 때 다정하게 건네는 말 한마디와 따뜻하게 잡아주는 손길이 너무나 그리웠던 것처럼, 그들이 애타게 내 도움을 기다리고 있을 것만 같았다. 어려운 일을 겪어 본 사람들만 알 수 있는 것처럼, 병석에 있는 남편을 위해 할 수 있는 일은 정말 진실한 마음으로 다른 사람들을 돌봐주는 것이라고 생각했다. 그렇게 마음을 먹고 난 지 한 달 만에 남편은 자리를 털고 일어나 건강한 몸으로 교단으로 돌아갔다.

17년 전부터 청주불교신행회에서 운전 봉사를 해오던 내가 갑자기 신행회를 맡아야 할 일이 생겼다. 청주불교신행회를 창립해서 이끌어 온 신호식 거사가 2003년 급작스럽게 타계한 것이다. 막상 신행회를 맡아 보니 어려움이 많았다. 여기서 포기할 수 없다는 생각으로, 달걀과 기증받은 헌옷을 팔아 기금을 모았다. 그 돈으로 홀몸 노인들에게 반찬을 해 드리고 아플 때면 차로 병원에 모시고 갔다.

17년째 방문해 온 소년원은 엄마의 손길을 기다리는 아이들과 만나는 곳이다. 그 아이들 모두에게 무엇보다 관심과 사랑을 가르쳐주고 있으며, 불교반 아이들에게 장학금 100만 원을 어렵게 마련해 건네기도 했다. 그 아이들이 대학에 들어가서 불교학생회 활동을 한다며 전화를 한 날, 하염없이 눈물만 흘렸다.

◆ 김상문(법명 행원심)
1954년 출생 | 재적사찰 : 왕암사 | 현재 청주소년원 봉사 활동, 청주불교신행회 회장, 법무부 청주소년원 보호소년 지도위원

얼마 전에는 신행회 사무실과 법당을 상당구 북문로에서 시청 근처로 옮겼다. 버려진 소파와 식탁 책꽂이 등을 주워다가 사무실을 꾸몄다. 법당에는 회원들이 십시일반으로 힘을 모아 여법하게 부처님도 모셨다. 그렇게 조금씩 자리를 잡아 가며 안정되어 가는 중에 또 다른 일을 벌였다. 청주불교신행회 부설 동산불교대학 청주지회를 개설한 것이다.

'옳다 싶으면 일단 저지르고 보는' 나로서는 '부처님 법을 바르게 알아야 바로 믿을 수 있고, 바로 믿을 수 있어야 바르게 실천할 수 있다' 는 소신을 실천한 것일 뿐이다. 다행히 그렇게 저질러 놓은 덕에 불교대학은 올해 들어 벌써 3기째 신입생을 맞았다.

내겐 또 하나 아직 진행형인 계획이 있다. 출가와 재가불자들이 노후에 함께 따뜻한 인연의 길을 이루는 수행공동체를 일구는 것이다.

이 세상에 무슨 일이든 힘들지 않은 일이 어디 있으리오……. 어렵고 힘들거란 생각으로 미리 겁먹지 말고 마음가짐만 바로 세우고 하나하나 조금씩 이루어 간다면 어떤 일이라도 시작할 수 있다. 욕심을 버리면 인생이 자유로워진다는 것을 깨닫고 있다.

실천 수행하는 불자가 되고파

– 박명자 | 조계사 신행상담실 고문

불교 공부를 한다고 조계사를 찾은 지 20년의 시간이 지났다. 돌이켜 생각하니 불교와 가까이 하지 않았다면 지금의 나는 어떠했을까? 한 말씀의 법문을 들을 때 환희에 찬 초발심을 생각한다. 부처님 말씀이 좋아서 한말씀 한말씀을 내 것으로 만들려고 노트에 적으며, 차를 타고 집으로 향하는 차 안에서도 불교 용어를 외우려고 노력을 하던 그때가 그리워진다.

"팔정도八正道, 불교를 잘 지키며 수행하고자 한다면 이것은 꼭 지키시오. 불자로서 이것

◆ **박명자(법명 원각성)**

1941년 출생 | 재적사찰 : 조계사 | 적십자간호전문대학 졸업, 조계사 불교대학원 수료 | 조계사 신행상담실장, 불교상담개발원 이사 역임 | 현재 '풍경소리' 부위원장, 조계사 자문위원, 조계사 신행상담실 고문

만 잘 지킨다면 모범적인 삶이 될 것이요, 정치하는 사람도 이것만 지킨다면 좋을 텐데……"

가끔 사회 비판도 서슴없이 하시며 불교를 공부하게 해주신 무진장 큰스님. 항상 감사하는 마음으로 어떻게 해야 스님의 가르침이 헛되지 않게 수행할 것인가 생각한다.

"불자는 교教와 선禪을 병행해야지 한쪽에 치우치면 반쪽밖에 모르는 바보가 되는 것이오. 옳다 그르다 하지 말고 열심히 공부하고 수행을 해야 합니다. 실천 수행하는 데 꼭 알아야 할 덕목이 있소. 적으시오.

① 정견正見 : 마음 움직임을 있는 그대로 스스로 지켜보는 것 ② 정사유正思惟 : 자신의 마음이 도망갈 때 즉시 알아차려서 본래로 돌려보내는 것 ③ 정어正語 : 자신의 표현을 있는 그대로 쉽고 부드럽고 바르게 말하는 것 ④ 정업正業 : 자신의 몸으로 이루는 행위를 바르게 하는 것 ⑤ 정명正命 : 올바른 직업생활로 의식주를 구하는 것 ⑥ 정정진正精進 : 꾸준히 물러섬 없이 끊임없이 노력하는 것 ⑦ 정념正念 : 한 번에 목표를 정확하게 찾아가는 것 ⑧ 정정正定 : 마음을 한곳에 모아서 목표를 집중하는 것"

팔정도를 내 것으로 만들고자 악구惡口하는 것을 버리고 쉽고 부드러운 말로 바르게 말하려고 관세음보살을 찾았다. 나쁜 말이 나올 때마다 아이들을 야단칠 때도 관세음보살로 마음을 다스렸다. 세월이 가면서 언제부터인지 곱고 부드러운 말이 자리잡았다. 이것은 정어正語에 들어갈 것이다.

남의 말을 하지 않고 들어도 못 들은 척, 보고도 못 본 척 관심을 두지 않고 지켜보고 들어주는 것에 익숙하다. 상담실에서 전화로 상담도 하고 내담자와 만나 이야기할 때, 들어주는 것이 상담이라는 것을 알았다. 부처님 말씀을 실천하고 수행하기 위해 10년을 조계사 신행상담실을 찾았는지 모른다. 길을 안내하는 마음으로 내가 아는 만큼 알리고 싶어 예쁘게 단장하고 조계종 민원실에 10시에 도착해서 오후 5시까지 변함없는 정정진正精進에 들어간다. 마음을 집중하고 민원실을 찾는 스님이나 어떤 누구에게도 친절과 봉사로 불교를 포교하는 데 물러남 없이 계속 정진할 것이다. 나를 아는 모든 분들이 부처님 가피 속에서 환희의 불국정토 그 날까지 건강한 모습의 불자로 항상 하시기 기원한다.

마디마디 대나무처럼

- 이문희 | 성북구 송이봉사단 회장

언제부터인가. 대나무를 무척 사랑하게 되었다. 내 인생이 아마도 대나무를 닮아서 그런가 보다. 마디마디가 성숙해지는 지름길인 불교를 나는 80년 초에 알게 되었는데, 다행히 스승님을 잘 만났다. 그때 고삐 풀린 망아지처럼 행하는 나를 성불사 혜선 큰스님, 운경 큰스님께서 스스로 깨우치게 해주셨기 때문이다.

그러던 어느 날, 성지순례를 마치고 돌아오는 버스에서 선오 스님께서 자원봉사 할 사람은 손을 들라고 하셨다. 첫째는 재보시로 복을 짓는 것이고, 둘째는 뭘까 궁금하게 기다리는데, "노력 봉사 할 사람?" 하는 순간, 나도 모르게 손을 번쩍 들었다. 바로 내가 할 수 있는 것이 노력 봉사라는 걸 느꼈던 것이다.

도반들과 임시 모임을 갖고 바로 실천으로 옮겼다. 첫 봉사처는 성북구 길음동에 있는 길음 종합 사회복지관으로 안내를 받아 무료급식 하는 일을 도왔다. 그때가 90년 초, 형편이 어려운 때라 매주 토요일만 저소득 어르신들께 점심을 드렸다. 조금 일을 하다 보니 서먹한 마음은 어디론가 사라지고, 오로지 어떻게 해야 어르신들께 맛있는 음식을 드릴까를 연구하는 마음만 생기고 집에서처럼 정성껏 음식을 만들었다.

그렇게 봉사의 기쁨을 알아 갈 즈음, 나는 큰 시련을 맞았다. 그 날은 음력 4월 7일이라 다음날 초파일에 쓸 꽃을 절에 사다 놓고 집에 와서 결연 맺은 분들께 드릴 물품을 챙겨 놓고 다시 절에 가려고 버스를 탔다. 그런데 대형 트럭이 뒤에서 치고 지나가는 바람에 하늘을 날았다가 땅에 떨어진 것을 다시 차가 밟고 지나갔다.

사경을 헤매다가 겨우 목숨은 건졌지만, 걸을 수 없는 신세로 18개월을 병원에서 보냈다. 창밖에는 꽃이 피고 지기를 반복하면서, 나

◆ 이문희(법명 금강심)
1952년 출생 | 재적사찰 : 당진 정토사 | 경희대학교 사회학과 졸업, 동산불교대학 16기 수료 | 현재 성북구 자원봉사센터 송이봉사단 회장, 조계종 사회복지재단 화목회 팀장

자신의 처지를 비관하였고 우울증까지 겹쳐서 자살 충동을 수시로 느꼈다. 그러다가 문득, 죽을 때 죽더라도 도봉산 망월암에 꼭 한 번 다녀오고 싶었다. 병원장에게 통사정을 해서 겨우 허락을 받고 도봉산 망월암을 향해 산을 올랐다. 쓰러지고 일어서기를 반복하며 5시간 반 만에 도착해 참배하고, 다시 기어서 내려왔다.

그런데 그 뒤 걸을 수 있다는 자신감이 생겼다. 그래서 퇴원을 하고 매일 망월암에 올랐다. 수술을 하기로 한 날에도 병원에 가지 않았다. 정말 해야 한다는 생각이 강하면 뭐든지 할 수 있다고 생각했다. 그렇게 다시 태어난 뒤로 나는 확실히 달라졌다.

전에 봉사할 때는 내가 잘났다는 생각이 꽉 차 있었다. 내가 아니면 안 될 것 같던 무료급식도 나 없이도 잘 굴러가고 있었다. 내가 없어도 잘 굴러가는 세상이 얄밉기도 했고 그래서 우울증에도 걸렸지만, 극복하고 나니 나에 대한 생각이 바뀌었다. 내가 아니어도 되고, 아무것도 아닌 '나'라는 생각을 하고 나서는 모든 것이 달라졌다.

부정적인 생각이 긍정적으로 바뀌고, 할 수 있다는 자신감과 하는 일에 대한 자부심이 생기고, 참회하는 마음이 생기고, 무엇보다 먼저 말투가 바뀌었다. 봉사처에서도 봉사자들끼리 부딪치는 모습을 보면 내 옛 모습을 보는 것 같아 이해하고 격려하게 된다. 나무라고 탓하기 전에 "나는 예전에 자네보다 더했네" 하면서 힘들어하는 봉사자들의 마음을 보듬을 수 있게 되었다.

“건강만 있으면, 교통비만 있으면, 도움이 필요한 어디라도 달려가겠습니다” 하고, 부처님께 매일 소원한다. 옆에서는 돈도 달라고 해야 더 많은 일을 할 것이 아니냐고 하는 사람도 있지만, 나는 그저 이것만을 바랄 뿐이다.

된장으로 멋진 양로원 지으렵니다

- 서분례 | 서일농원 대표

옛날, 밥상 앞에서 아버님께서는 늘 "콩 한 조각이면 반을 나눠 먹을 수 있어야 한다"고 훈육하셨다. 이런 말씀을 우리 아이들에게 알려주고 싶고, 직원들에게도 보여주고 싶어서 양로원을 방문하기 시작했다. 솔직히 말하면 당시에는 의례적 겉치레고 생색내기 식으로 다녔던 것이 사실이다. 그러던 어느 날 음식과 밴드까지 동원해 한 양로원을 방문했는데, 인절미를 드시고 할아버지 한 분이 운명하신 사건이 있었다. 그 할아버지는 이미 오늘 내일 돌아가실 날만을 기다리는 분이기는 하였지만, 어쨌든 나로 인해 돌아가셨다고 생각하니, 그동안 보여주기 위한 봉사에 대한 죄책감에 어찌할 바를 몰랐다. 다음날 다시 양로원을 찾았을 때 나는 그분의 초라한 시신 앞에서 더욱 충격을 받았다. 허술하기 그지없이 대충 치러지는 장례 절차를 지켜보면서 '그동안 나는 참 사치스럽게 살았구나, 한 줌 흙밖에 안 남는데……' 라는 생각을 했다. 그리고 내가 생을 어떻게 마감해야 할지 깨달음이 있었다. 그때부터 노인들에게 안락한 환경에서 편안한 노후를 보낼 수 있도록 마음의 여유를 찾아주고 싶은 마음이 생겼다.

그렇게 양로원을 세워야겠다고 마음을 먹고 있을 즈음 법담 스님과의 인연으로 갑자기 지금의 서일농원 자리에 5천7백평 정도의 부지를 매입하게 되었다. 그러나 양로원을 짓기에는 부족했는데 신기하게도 돈이 조금 모아지면 땅을 사라고 주변의 땅주인들이 찾아와서 조금씩 사게 된 것이 지금은 3만여 평으로 넓어졌다. 태국에 여행사를 운영하고 있었는데 태국이 IMF를 먼저 맞았고 몇 달 후 우리나라도 IMF를 맞았다. 그 바람에 아직 양로원을 세우지는 못했지만, 외부 지원 없이 운영되는 시설 좋은 양로원을 짓는 것이 나의 꿈이다. 양로원이 외부 지원 없이 생계를 유지하려면 이 땅에서 자급자족이 필요하다.

◆ 서분례(법명: 자비화)
1949년 출생 | 재적사찰 : 연화사 | 단국대학교 경영대학원 최고경영자 과정, 태국 국립출란코대학교 명예 경영학 박사 | 태국여운공사, 베트남 여운공사 대표 역임 | 현재 연화사 봉사단 단장, 자비실천회 회장, 서일농원 대표, 재단법인 영덕군 장학회 이사, 전통장 제조의 신지식인, 경기으뜸이 선정, 범죄예방자문위원회 위원(평택지청), 수원지방법원 안성법원 민사조정위원, 안성시 보건의료심의위원, 건강생활실천협의회 위원, 안성시 벤처기업 심사위원, 전통장류와 국민건강 강사

어느 날 사람을 만나기 위해 농업기술교육장에 갔다. 만나기로 한 사람을 기다리는 중에 우연히 콩 재배 강의를 듣게 되었다. 콩 순을 네 마디에서 자르면 수확이 더 많이 나온다는 것이다. 돌아와서 콩 재배에 그 방법을 써 봤더니 정말 수확이 많이 나왔다. 팔려고 하니 값이 너무 싸서 아까운 생각에 콩 다섯 가마니를 메주를 쑤어서 된장을 담갔다. 우리만 먹기에는 너무 많아서 선물로 주었더니 사람들이 맛있다는 말에 신이 나서 다음 해에는 더 많은 된장을 담가서 나누어 주었다. 그랬더니 사람들이 봉투를 주기 시작했다. '옳거니, 이 땅에서 자급자족을 하는 길은 이것이다' 싶어서 본격적으로 된장을 만들어 팔게 되었다.

우리가 만든 된장이 사람을 살리고, 또 이 돈을 모아 양로원을 짓겠다고 생각하니 요즘은 너무 좋다는 말이 절로 난다. 아침 저녁으로 기도할 수 있고 좋은 일 하며 살 수 있어서, 이제는 무엇을 바라는 것보다는 늘 감사하고 고맙다.

2004년부터는 자비실천회라는 봉사단체를 만들어 캄보디아에서 봉사활동을 하고 있다. 캄보디아는 아들이 여행사를 운영하는 곳이어서 자주 오가게 되었고, 그 나라의 최고 스님이라고 할 수 있는 데퐁 스님을 만날 수 있었다. 그리고 스님의 요청에 따라 2003년도에 여러 가지 음식과 의약품을 들고 절 신도들과 함께 캄보디아로 가서 봉사를 하고 돌아왔다. 내년에 다시 오겠다는 약속을 지키기 위해 '자비실천회' 라는 단체를 만들고 봉사자를 만들어 매년 캄보디아에서 봉사활동을 하고 있다. 올해는 화장실과 물 문제를 해결해주었다. 화장실

문 앞에 캄보디아 사람들이 태극기를 다는 것을 보고 굉장히 뿌듯함을 느꼈다. 학교도 지어줬으면, 책상과 의자라도…… 공부할 수 있는 여건을 만들어야겠다 싶어서 가족들에게 "올해 내가 환갑인데, 환갑잔치 안 할 테니 돈으로 다오"라고 말했다. 가족들의 도움으로 이 일을 추진 중이다.

"누구나 부처가 될 수 있다"는 말에 감동을 받아 절에 다니기 시작한 지 30여 년, 이제야 불법이 얼마나 좋은 지 절실하게 깨닫고 있다. 진즉에 알았으면, 내가 좀 더 편하게 살았을 텐데 하는 생각이 든다. 전에는 몸이 아파서 병원을 내 집 다니듯 살았는데 이제는 건강도 좋아졌다. 부처님은 울타리고 산 같은 의지처다. 부처님의 가르침을 조금이라도 실천하고자 한다. 콩 한 조각도 나누라는 아버님의 가르침처럼 내가 가진 것을 불우한 사람과 같이 나눠야겠다.

향과 초가 되고자

― 신 명 | 국회의원

《금강경》 서문에 '여시아문如是我聞' 이라는 말이 나온다. 부처님의 가르침을 경전으로 옮길 때 어떻게 옮겨야 하는가에 관한 논쟁이 제자들 사이에서 발생하자, "나는 이와 같이 들었다"라고 아난 존자가 답한 것에서 연유한 말이다. 훌륭한 제자라 하더라도 잘못 들었거나 착오를 일으킬 수 있기 때문에 "내가 하는 말이 부처님이 하셨던 말이다"라는 표현이 아닌 "그렇게 들었다"라고 고백하고 있는 것이다. 부처님 말씀이 왜곡되지 않도록 자신을 낮추는 아난 존자의 겸손한 고백을 생활 속에 자주 떠올려 본다.

돌아보면 불교는 내 삶에 종교를 넘어 일상이었다. 햇곡식이 나오거나 좋은 일, 슬픈 일이 있을 때마다 절을 찾는 할머니를 따라 절에 드나들었고, 아침저녁으로 예불을 잊지 않는 어머니를 통해 자연스레 부처님의 품으로 들었다.

누군가가 "왜 불교예요?"라고 물어보았을 때, 나는 "밥은 왜 먹어요?"라고 반문했다. 배가 고프면 밥을 먹는 것처럼 불교는 자연스러운 내 삶이었다.

처음으로 공직 생활에 발 디딜 때만 해도 공직에 있는 여성은 손에 꼽힐 정도로 희귀한 존재였다. 덕분에 가는 곳마다 최초였고, '근로감독과장' '기관장' '정부 출연기관 임원' 등과 같은 중요 보직을 맡았다.

여성이 처음이다 보니 '최초'라는 꼬리표와 함께 사회적 관심의 대상이 되었다. 그러나 이런 관심은 남성들이 주로 해왔던 보직에서 여성이 그 일을 제대로 해낼 수 있겠느냐 하는 의구심을 바탕에 깔고 있는 것이었기에, 업무에 대한 책임과 여성도 잘할 수 있다는 것을 보여주어야 한다는 이중부담으로 늘 어깨가 무거웠다.

조직의 관리자로서 중요한 결정을 해야 할 때마다 절을 찾았고 큰 힘을 얻었다. 주말에는

◆ 신 명(법명 무진심)

1946년 출생 | 중앙대학교 법학대학원 재학 중 | 노동부 고용평등(여성정책)국장, 한국노동교육원 사무총장, 한국양성평등교육진흥원 이사, 한국장애인고용촉진공단 감사, 불교여성개발원 감사, 불교인재개발원 이사 역임 | 현재 (사)일과여가 문화연구원 이사, 제17대 국회의원

주로 연주암에 올랐고, 시간이 여의치 않을 때는 출근 전이나 퇴근 후 집 근처 구룡사에 들러 내 생각을 정리하곤 했다. 108배를 올리면서 부처님 앞에 나를 낮추었고, 복잡한 생각들을 정리했다. 동시에 내가 보지 못했던 내 부족함을 깨달았고, 어떤 것이 옳고 그른지 분명한 판단을 내릴 수 있었다.

내 삶에 자리잡은 부처님의 가르침은 '향과 초'와 같은 삶이다. '향'은 자기 몸을 태워서 다른 사람을 편안하게 해주는 향을 내뿜고, '초'는 자기 몸을 태워서 주변을 밝힌다. 일상생활에 존재하면서 다른 사람들을 위해 향을 내고 빛을 보이는 진리는 내 삶의 지침이었다. 공무원이 되지 않았다면 보지 못했을 우리 사회의 어두운 곳을 조금이나마 밝히고 싶어서 밤잠을 줄여 가며 뛰어다녔다.

또한 책상에 앉아 결정을 하기 전에 현장에 직접 나가 내가 내리는 정책 결정으로 소외받거나 피해를 보는 사람들이 없는지 미리 확인을 했다. 명분보다 중요했던 것은 그 사람들이 존중받으면서 행복하게 살 수 있는 것이었다. 자칫 쉽게 포기하거나 관성이 될 수 있는 공직생활 동안 변함없이 힘없고 소외받는 사회적 약자들의 삶을 먼저 보려 했고, 주로 그들과 관련된 업무를 맡아 왔던 것도 부처님의 가르침이라고 생각한다.

얼마 전 부처님께서는 나에게 '국회의원'이라는 새로운 기회를 주셨다. 국민의 대표로, 부지런한 심부름꾼으로 일을 할 수 있도록 이끌어주신 것이다. 등원하는 날, 국회의사당 본회의장에서 "잠든 아이의 평화로운 얼굴이 잠에서 깨어난 다음에도 계속될 수 있는 세상, 그 아이가 커서 부모가 된 다음에도 잠든 아이의 평화로운 얼굴을 바라볼 수 있는 세상, 그런 세상을 만드는 데 신명을 바치겠습니다. 부처님을 비롯한 인류의 모든 성인들이 만들고자 한 세상도 이와 다르지 않을 것입니다"라고 했다. 갈수록 무게가 더해 가는 책임 있는 일들 속에서 부처님이 잘 이끌어주실 것이라 믿는다. 좀 더 겸손하게, 내 행복이 중요한 만큼 다른 사람의 행복 역시 소중하다는 것을 마음속에 새기면서 내 작은 능력으로 이 사회의 향과 초가 되도록 노력하고 싶다.

열 살 작은 아이의 처음 마음

– 김민희 | 울산불교대학 총동문회 고문

이런저런 일들로 이렇게 저렇게 하여 이러저러한 분별 속에서 병술년을 다 쏟아 놓으니 정해년이 눈앞에 떡하니 섰다.

그 시절 옛 어른 용수 보살은 '불생불멸不生不滅 ~ 불래불출不來不出'로써 연기緣起의 이치를 밝혀 거꾸로 매달린 듯한 고통에서 벗어나게 하고자 했으나, 내게는 보내지 않아도 가버리고, 기다리지 않아도 이미 와 있다.

앞의 마음도 지금의 마음도 알지 못하는 사이에, 다음 마음이 나를 지키고 있다. 내가 주인이지 싶은데 주인 행세를 하지 못하고 있는 실정이다. 이것이 나다.

어제는 입춘기도를 하고 왔다. 봄을 입춘立春 한다고 애쓴 탓인지 기도 중에 땀도 흘렀다. 활짝 연 법당 문은 시원한 하늘을 깊게 들여 놓았고, 언덕 아래 햇볕이 모이는 곳은 금방이라도 쑥이 돋아나올 것처럼 보였다. 그 따스함에 기대어 봄을 기다리는 마음은 바빠지고, 이러한 마음은 통도사 마당으로 달려갔다. 그 곳에는 이른 봄을 개화하는 홍매화가 있기 때문이다.

하얀 눈 속의 매화 특히 홍매화는 모두를 황홀하게 한다. 그래서 나뿐만 아니라 모두가 기다리고 있는 것을 알 수 있다. 이때를 놓칠세라 개나리는 노오란 새싹을 겸손하게 내밀어 놓고, 이 산 저 산에서는 진달래가 울긋불긋하게 모여 앉아 용기와 기쁨을 준다. 돌담 사이 꽃조차도 눈길을 머물게 하니, 어느 한 꽃도 아름답지 않은 것이 없고, 어느 한 꽃도 향기 없는 꽃이 없다.

이와 같이 불과佛果를 중심으로 한 꽃들의 장엄莊嚴은 화엄華嚴의 세계다. 그러나 이러한 꽃들 가운데 어느 한 꽃도 지지 않는 꽃은 없다. 그러므로 어느 하루도 꽃 피지 않는 날이 없고, 어느 하루도 꽃 지지 않는 날이 없으니,

◆ 김민희(법명 여여화)
1955년 출생 | 재적사찰 : 감산사 | 위덕대학교 불교학과 졸업, 동 대학원 석사, 동국대학교 불교대학 박사(선문화 전공) | 울산불교대학 총동문회 회장 역임 | 현재 울산불교대학 총동문회 고문

피고 지는 것과 같이 오고 감도 이와 같은 것이라 여긴다.

오고 가다 만난 인연 또한 이러하다고 생각한다. 사랑하는 사람을 만나 행복해하고, 헤어져 그리워하고, 그리워하다가 원망하고, 원망하다가 미워하고, 미워하다가 증오하고, 다시 걱정하는 마음이 된다. 사랑하는 사람도 이러한데 하물며 미워하거나 싫어하는 사람의 인연은 어떠할까? 어느 하루도 탐·진·치의 한 마음을 내지 않는 날이 없다. 이것도 나다. 나는 이렇게 알고 있다.

바로 소리 없이 오고 가는 꽃은 부처님이요, 분별에 집착해서 오고 가는 것은 중생이다. 그러므로 부처님은 꽃의 모습으로 우리 가까이에 계신다. 부처님은 어떤 모습으로도 우리 곁에 함께 계신 것이다. 꽃이 꽃일 때는 부처의 마음이고, 꽃이 아름다울 때는 중생 마음이다.

그래서 나는 이런 방법으로 노력하고 있다.

세상살이가 너무 복잡해서 '아차!' 하기 전에 스스로 입춘한 것이다. 오래 전 해인사에서 어른 스님을 뵈었을 때의 일이다. 심신心身의 작용을 괴롭히는 번뇌를 밝히지 못하고 그것에 상응하는 '온갖 마음과 마음의 작용을 어떻게 해야 하는가?' 하는 나의 고민에 대해 답으로 주신 스님의 말씀이다.

이 시절 큰어른 법전 스님은 "하나를 위한 일인지 둘을 위한 일인지를 알아보고, 하나보다는 둘을 위한 일이 좋지 않겠는가"라고 하셨다. 가행도加行道, 번뇌를 끊기 위해 다시 힘을 더해 수행하는 경지로서 이를 따르고 있다.

하나도 위하려는 마음으로 계戒를 삼고, '어떻게 하면 둘을 위하는 일이 될

까?' 하는 마음으로 정定을 삼는다. 그러면 나름대로의 방법이 생겨난다. 그것을 '혜慧'라 여긴다. 스님께서 주신 하나는 자신의 수행이며, 둘은 사람들과의 관계에서 실천을 강조하신 것이다. 바로 대승보살의 자리이타自利利他를 통한 참 의미를 실천하는 수행자의 길을 일깨워주신 것이다.

어린 시절 무거운 법당 문을 작은 손으로 열고 들어가면 향내음이 가득했다. 그 안에 우뚝 서 계시는 약사여래불분황사께 세 번 절하고 나면 저절로 뿌듯하여 힘찬 발걸음으로 스님에게 달려가곤 했다. 여고생 시절의 나는 삿갓 쓴 스님이 되어 하늘을 보지 않고, 멋지게 살아갈 것이라는 다짐도 했다.

현재의 나는 대학원에서 〈유식唯識의 수행오위修行五位에서 식識의 변화에 관한 연구〉라는 제명의 논문을 끝내고, 또 다른 채워지지 않는 공간 때문에 고민하고 있다. 여기에 이른 나는 다른 사람들보다 많은 시간과 공간을 돌고 돌아온 것 같지만, 기쁨으로 차오르는 가슴은 항상 최고다. 열 살 작은 아이의 처음 마음이 쉰을 넘은 지금의 마음과 다르지 않은 것을 안다.

지금이 있기까지 나는 어떤 인연에도 물러나지 않았다. 부처님의 진리에 대한 청정한 믿음이 있기에 가능한 일이라 생각한다. 행복한 인연은 지금도 일어나고 있다. 구법여행求法旅行의 순례에 함께하도록 이끌어준 많은 불자님께 머리 숙여 감사드린다.

부처님의 가피에 감사할 뿐

― 박명혜 | (사)지혜로운여성 이사

여고와 대학 시절, 학교에서 기독교를 만났다. 경기여고에는 강원룡 목사가 교목으로 계셨고, 이화여대에서도 채플 시간을 통해 기독교가 늘 가까이 있었다. 그러나 내 마음속에는 불교가 자리잡고 있었던 듯, 어느 날 "구경 가지 않을래?" 하는 한 친구의 권유로 선뜻 따라나선 것이 북한산 승가사였다. 민감한 청소년 시절을 기독교 가까이에서 보냈지만, 난 기다렸다는 듯 그렇게 불교를 받아들였다.

처음에는 승가사 부처님께 기도하면 모든 소원이 다 이루어진다는 말에 내 가족을 위한 소박한 기도로 시작했다. 승가사와의 인연은 큰아들이 아홉 살 때부터니까 무려 40년 넘게 이어지고 있다.

나를 진정한 불자로 다시 태어나게 해주신 분은 대의 스님이시다. 79년 당시 선학원 이사장이셨던 스님은 절하는 법부터 시작해서 부처님의 참법을 가르쳐주셨고, 법명까지 지어주시며 나를 불법으로 이끄셨다. 나는 보름 간 정초기도를 하라는 스님 말씀에 따라 하루도 빠지지 않고 새벽기도를 다닌 적도 있다. 부처님 가피가 아니고서는 생각할 수 없는 일이었다. 엄동설한 깜깜한 새벽에 어린 아이들까지 데리고 다녔던 것이 꿈만 같다. 아이들은 신기하게도 그 시간이 되면 스스로 일어나 함께 절에 가곤 했다.

내가 본격적으로 불사에 동참하기 시작한 것은 1974년 강화 보문사 때부터다. 그 후로 낙산사, 망월사, 오대산 상원사, 자재암, 대승사, 화엄사, 치악산 구룡사, 송광사, 백련암, 전국 비구니 회관 건립 등 많은 불사와 인연을 맺었다. 그렇게 불사를 하면서 자연히 알게 된 여성 불자들을 모아 1979년 보문회를 구성했고, 그들과 함께 불사하는 곳을 찾아다니며 지금껏 열심히 화주를 하고 있다. 20년 간 보문회 회

◆ 박명혜(법명 대도심)
1934년 출생 | 재적사찰 : 승가사, 법륜사 | 현재 (사)자행회 회장, (재)탄허불교문화재단 이사, (재)탄허불교문화재단 부설 보문회 회장, (사)청년여성문화원 공동 이사장, (사)지혜로운여성 이사, 용인 법륜사 총회장

장을 하면서 평생회비 20만원씩을 적립해서 1억 6천만원의 기금을 모았다. 그간 각종 사찰 건축 불사는 물론 운문사 비구니 스님 의료비 지원 등 별도의 기금도 마련했다.

지난 30년 간 내가 불사에 전념할 수 있었던 것은 신심이 대단해서만은 아니다. 나 역시 중생인지라, 부처님의 가피를 체험하지 못했다면 어려웠을 것이다. 불사를 하면 반드시 좋은 꿈을 꾸거나 기쁜 일이 생겨 힘든 줄 모르고 해온 것 같다. 특히 나는 선몽을 많이 받는다. 기도를 하면서도 가피가 느껴져 성취감을 느낄 수 있었다.

강화 보문사 요사채 불사를 했을 때였다. 불사를 끝낸 날 꿈을 꾸었는데, 헌 빗자루와 새 빗자루 두 개를 사서 집에 가져와 펼쳐 보니 화문석이었다. 그 꿈을 꾼 뒤 남편이 대통령령으로 증권관리위원회 상임위원 발령을 받았다.

낙산사 해수관음 불사를 마치고 얼마 지나지 않아서도 마찬가지로 꿈을 꾸었다. 3천만 원짜리 진주 반지를 사라고 해서 2천만 원에 샀다. 그런데 다음날 낙산사 주지 스님이 전화로 절 연못에 방생할 잉어를 사오라고 하셨다. 백화점에 갔더니 3천 원짜리 잉어를 2천 원에 팔았다. 그렇게 사서 방생한 잉어들이 한 마리도 죽지 않고 다 살았다. 그 꿈이 너무 신기해서 매해 정월이면 낙산사를 찾아 방생하고 정초기도를 한다. 홍련암 요사채 불사를 마친 뒤 꿈에 낙산사를 갔는데, 어떤 장군이 나타나 금괴를 건넸다. 그걸 받으면서 보문회 회원들과 나눠 갖겠다고 생각했는데, 그 덕분인지 보문회 회원들의 일이 다 잘 풀려 부처님 가피인 줄로 알고 있다.

내 삶에서 가장 기억에 남는 건 성철 스님과 탄허 스님과의 인연이다. 보문회 회원 30명과 함께 법복을 맞춰 입고 백련암을 찾아 삼천배를 하고 성철 스님을 뵈었다. 스님은 우리들에게 특별히 법문을 해주시고, 법명까지 지어주셨다. 탄허 스님과도 남다른 인연으로 유발상좌가 되어 불법을 배웠다. 그리고 83년 탄허 스님께서 열반하신 뒤 그분의 뜻을 기리기 위해 설립된 탄허문화재단에 힘을 보탰다.

불사를 절집 안에서만 할 수 없다는 생각에 시작한 것이 (사)자행회 활동이다. 84년에 이사로 시작해서 현재 회장을 맡아 정신박약아를 위한 봉사활동을 하고 있다. 92년에는 승보공경회를 발족해서 중앙승가대학 연구비 지원 등 학인 스님들을 후원해 왔다.

지금까지 많은 불사에 시주와 화주로 동참하면서 항상 부처님께 감사하는 마음으로 행복하게 살고 있다. 최근에 맺은 불교여성개발원과의 인연으로 (사)지혜로운여성 창립에 참여하면서 인재불사에 대해 깊이 생각하게 되었다. 그리고 동참해준 보문회 회원들께 감사의 뜻을 전하고 싶다. (사)지혜로운여성 이사로서, 젊은 여성들이 앞으로 더 많은 일을 하는 데 밑거름이 되고자 한다.

부처님은 응답하신다

– 양혜순 | 〈과천21〉 편집국장

경주 불국사를 지나 외동면 활성리 작은 마을에 연지암이라는 천년 고찰이 있다. 별가루를 쏟아 부은 듯, 캄캄한 밤에 본 연지암의 별빛은 놀랄 만큼 경이로운 장관이었다. 여고시절, 그렇게 부처님과 첫 인연을 맺었다.

이모가 연지암 '주지 스님' 으로 계신다는 말씀을 처음 듣고, 친구들과 함께 연지암을 찾았던 것이다. 종교를 모르고 자란 내가 겨울방학을 이용해 찾아간 연지암의 이모 스님은 처음 만난 철없는 우리를 환대해주셨다. 그뿐 아니라 불국사에도 미리 연락해서 아주 풍성한 점심공양을 한상 가득 대접(?)받게 해주셨다. 그 일은 우리들에게 잊지 못할 추억이 되었다.

그렇게 시작된 부처님과의 인연은 십수 년 뒤 관악산 연주암과 닿아, 이제 가슴 벅찬 삶의 이유이자 근원이 되었다. 불법과의 만남은 뛸 듯이 기쁜 삶의 전부가 되었다.

내 존재의 정체성을 확연하게 밝혀주고 있는 불가와의 소중한 인연으로 수행 정진해서 부처님의 진리에 도달하고 해탈 열반에 이르고자 하는 원은 부처님과 약속한 세 가지 서원 중 하나임을 고백한다.

관악산 정상을 오르면 그림처럼 신비한 바위 위에 우뚝 선 연주대가 있다. 의상 대사가 중국으로 건너가기 전에 머물며 화엄학을 수학했던 연주대의 위엄과 기상, 그리고 불가사의한 신통력이 서린 관악산 연주암은 영험한 기도도량으로 널리 알려진, 그야말로 불가사의한 기도 성취 도량이다.

어느 날의 일이다. 대웅전에서 기도를 마치고 연주대를 향해 오르면서 나는 소리 내어 이렇게 중얼거렸다.

"내가 이렇게 간절히 기도하는데 부처님께서는 응답 안 하시나?"

그런데 연주대를 들어서자 때마침 기도스

◆ 양혜순(법명 보현행)
1959년 출생 ｜ 재적사찰 : 관악산 연주암 ｜ 현재 연주암 총신도회 고문, 과천 신도회 회장, 〈과천21〉 편집국장, 금비 어린이집 원장, 과천 청소년 지도의원

님께서 법당 밖에 서 있는 나를 향해 정좌하고 이렇게 세 번을 말씀하셨다.

"부처님은 응답하십니다. 부처님은 응답하십니다. 부처님은 응답하십니다."

스님께서는 보살들에게 무언가 말씀 중이셨는데, 마침 이 말씀이 막 도착한 내게 우연히 또렷하게 들린 것이다. 정말로 응답하시는 부처님의 생생한 증명을 연주대 나한님께서 내게 보여주시는 것 같았다.

여름이면 온몸을 땀에 적시고, 겨울이면 눈 덮인 산길을 뛰어 내리며 한결같이 관악산을 오를 수 있는 것은 부처님을 향한 열정과, 부처님의 진리와 가르침 속에 하나 되고 싶은 간절한 소망 때문이 아닐까.

산 중턱에서 만나는 코끼리 바위, 산행의 지리함을 씻어주는 약수터, 나무와 바위, 새들과 친구가 되는 관악산 연주암과의 인연은 축복인 듯 싶다.

휴일이면 수천 명의 등산객을 위해 공양간에서 점심공양을 보시하면서 오랜 세월 함께해 온 신도회는 이제 가족과 같다. 그러나 다른 종교에 비해 조직력이 약한 우리 불자들이 좀 더 결속해서 봉사하고, 적극적인 유·무형의 산출을 해야 할 필요성, 그리고 청년법회, 어린이 포교 등은 가장 절실한 문제들이다. 2007년 새해에는 우선 과천지역 불자들의 결속을 위해 새로운 출발을 다짐한다.

끝으로 〈과천21〉 편집국장으로 불자로서 봉사하고 있다는 것만으로 제2차 여성 불자 108인의 영광스런 대열에 동참하게 해주신 동국대학교 이혜숙 교수님께 깊은 감사의 마음을 전하고 싶다. 〈과천21〉발행인 지승 스님은 관악산 연주암에서 〈연주 회보〉와 함께 발행하는 과천 지역신문이다. 지역 정보에 관심도, 아는 것도 없던 내가 이 일을 시작한 뒤 '자랑스런 기자상'을 받고, 또 여성 불자 108인 대열에 합류하게 되었으니, 작은 봉사에 대한 결실을 너무 크게 받는 듯하다.

연주대의 높고 맑은 하늘, 장엄하고 신비한 바위처럼, 우리 불자 모두가 부처님의 가피 안에서 힘찬 수행정진으로 성불하시기를…….

춘란의 그윽한 꽃향기를 향해

— 유효순 | 불자약사보리회 총무이사

지난 시간의 기억들이다. 1998년은 아마 내 기억으론 가장 어려웠던 시절이고, 지금 생각하면 그래도 그런 시간들이 행복했고, 뜻 깊은 만남들이 있어 소중한 여운이 남는다. 1997년 IMF 체제로 막막하던 시절, 처음으로 충주 창룡사에서 백일기도를 올렸다. 약국을 차려주시면 1천 명에게 무료 투약을 하겠다는 서원과 함께……. 1998년 5월에 약국을 열면서 약업 신문에 광고를 냈다.

'자원봉사 약사님 모심'

신문을 보고 12명의 약사들이 동참 뜻을 밝혀 왔다. 회비는 1만 원으로 정하고 활동에 들어갔으나 약품 조달에 많은 어려움이 있었다. 우리 약국에 있는 6백만 원 상당의 약을 시작으로, 제약회사와 단체에서 후원금을 보내 왔고, 무료법률 상담, 이·미용, 수지침 봉사가 시작되었다.

내가 롯데백화점에서 약국을 하던 때다. 롯데백화점 청량리점에는 직원이 2,500명이나 근무하고 있었다. 가정 파산과 가장들^{남편}의 실직, IMF에 지쳐 부업을 해 가며 생계를 책임져야 하는 엄마들이 아르바이트를 하고 있었다. 자녀들 학원비와 생활비를 벌어야 하는 상황이었다. 직원들 얼굴을 다 알고 보니 가정 이야기와 힘들고 고단한 얘기들이 오고 가면서 정다운 분위기가 되었다.

우연히 떡을 판매하는 아줌마에게 파고다공원 노숙인과 홀몸 노인 이야기를 했더니, 자기는 천주교인이지만 자기 하루 수당 3만 원 중에서 3천 원을 보시하겠다는 것이다. 그분은 너무 적어서 정말 미안하다며 내 손에 3천 원을 꼭 쥐어주었다.

그것이 인연이 되어 참 많은 사람들이 1천 원부터 1만 원까지를 보시했다. 한 일용 근로자는 남편 제사 비용이라며 20만 원을 주면서 "천도재가 별 거야, 이 돈으로 1천 명에게 약을

◆ 유효순(법명 남녕)
1961년 출생 | 재적사찰 : 충주 창룡사 | 현재 불자약사보리회 총무이사, 파고다공원 무료 투약 및 수지침 봉사

보시하면 얼마나 천도가 잘 되겠어” 하셨다. 팔십이 되신 한 홀몸 노인은 정부 보조금 3만 원 가운데 1만 원을 선뜻 후원금으로 내놓기도 하셨고, 아들이 대학교에 합격했다고 대중 공양비로 쓰라고 도움을 준 분도 적지 않았다.

그러던 어느 날, 내가 다니는 고찰에서 단청 불사를 한다고 연락이 왔다. 이렇게 어려운 시기에 단청 불사가 웬 말인가, 화가 났다. 시골 절이라 법당엔 노보살님들이 꽉 찼다. 주지 스님께선 단청을 할 수밖에 없는 이유를 애써 설명하셨다. 난 걱정이 되었다. 노보살님들은 고추 한 근 마늘 한 접을 팔거나, 쌀 한 말 머리에 인 채 5일장까지 한참을 걸어 와 한나절 길바닥에 앉아, 그도 좋은 인연을 만나야 제 값 받아 돈을 만져 볼 수 있는 분들이었다. 하루 종일 백화점에서 12시간 서서, 발이 퉁퉁 부은 채 일을 해야 하는 엄마들과 1년 간 애써 농사 지어 번 돈으로 단청 불사에 동참해야 하는 할머님들.

이후 스님께서 약국에도 오셨다. 불사를 도와 달라며……. 스님께 말씀드렸다.

“스님, 제가 정말 귀한 돈 모아 드릴까요?”

그 곳에서 일하는 직원들이 얼마나 고생하는가에 대해 설명해 드렸다. 스님은 마음이 무거워 보였다. 그러면서 “이런 돈 잘못 쓰면 지옥 아랫목 가겠네” 하셨다.

스님께선 15세에 동진출가한 분이다. 탄성 스님을 은사로 승가대 총학생회장을 하신 남다른 분이셨다. 그 뒤 사찰은 단청 불사를 무사히 잘 끝내고 멋진 도량이 되었다. 첩첩산중에 연꽃 모양으로 둘러싸여 있는 법당은 연꽃 심지처림 폭 싸여 있어 중생들 마음 쉴 곳으로 자리잡았고 지금도 가끔 도량이 좋아 들르곤 한다.

돌이켜 보면 많은 시간이 흘러 흘러가고 있다. 고모 한 분은 88세인데, 50년 간 성당 새벽 기도에 한 번도 빠지지 않고 다니셨다. 가끔 힘들게 사는 나를 보고 그렇게 열심히 믿은 부처님은 네게 무엇을 해주었으며, 그렇게 기도 많이 해서 소원 성취한 것 있으면 말해 보라고 하신다. 난 지금 아무 말도 할 수 없다. 아직도 정립되지 않는 내 생활과 이 절 저 절 좋은 선방의 선지식과 큰스님 법문이란 법문은 다 들으면서도, 춘란의 그윽한 꽃향기를 아직도 맡지 못했기 때문이다.

이제 내 나이가 중년의 고비를 넘기고 있다. 이생에 내게 남아 있는 바람이 있다. 그것은 불자약사보리회가 사단법인으로 자리매김하고, 홀몸 노인 어르신들이 편하게 생을 정리할 수 있는 사회복지 터전이 마련되는 것이다. 주지 스님이 아니어도, 어느 문중 어느 큰스님의 상좌가 아니어도 부처님께 향한 불심, 그 한 줄기 마음으로 출가한 스님이라면 누구나 노후에 편안한 마음으로 온몸을 불태우며 정진할 수 있는 그런 자리, 그런 반석이 조용한 곳에 마련되길 서원한다.

작고 아름다운 씨앗으로 남겠습니다

– 이 란 | 여여회 회장

사람의 몸을 받은 것만으로도 감사하고 감사히 생각한다. 아직은 욕계 안에서 맴돌고 있지만 헤아릴 수 없이 오랜 시간 색계와 무색계도 거쳐 왔을 것이라고 믿기에 지금 모습에 더욱 감사드리고 행복할 뿐이다. 이제는 부족한 마음 닦고자 애쓰는 자신을 바라보며 기쁨의 미소를 짓곤 한다.

이순耳順을 바라보며 살아오는 동안, 생활의 걸림돌이 적지 아니하였다. 그래도 일찍부터 부처님을 마음에 두고 있었기에 힘들고 고통스러울 때마다 항상 스승이 곁에 계신다는 확고한 믿음으로 지혜와 힘을 얻었다. 때로는 수행의 마음이 간절해서 출가할 생각도 해 보았지만, 아직 인연이 닿지 않는지 이생의 복이 아닌 줄 알기에 그리 아쉽지는 않다.

부처님께서는 짐승뿐만 아니라 낱낱의 미물에게도 불성이 있다 하셨다.

미물도 그러할진대 좋은 부모 인연 만나 이처럼 귀한 사람의 몸을 받았으니, 작으나마 내 본분에 맞는 일을 찾아야겠다는 발원을 품게 되었다.

2천5백여 년 전의 어느 새벽녘, 보리수 아래에서 깨달음을 얻은 부처님이 처음으로 사르나트에서 다섯 제자 앞에서 설법을 시작하셨다. 바로 이것이 세상에 불법을 알리는 시작이었다. 그 뒤 대열반에 드시기까지 50여 년을 맨발로 걸어다니며 당신이 깨달은 법을 널리 알려 모든 중생들이 행복해지기를 발원하셨으니, 크나큰 자비심의 발로라 하겠다.

부처님 열반 뒤에는 뛰어난 제자들이 경전을 결집해서 전법에 힘을 쏟았고, 그 덕분에 오늘 우리들이 불법을 공부할 수 있게 되었으니 얼마나 감사한지 모른다.

나 역시 많은 사람들에게 삶의 평화를 가져다줄 수 있는 불법을 전해주고 싶어 20여 년 전, 방이동 집에서 적은 인원으로 공부를 시작

◆ 이 란(법명 선혜심)
1950년 출생 | 재적사찰 : 봉은사 | 동국대학교 불교대학원 졸업 | 현재 가정법회 여여회 회장, 찾아가는 다례교실 운영, (사)대한불교법사회 법사, 성신여자대학교 평생교육원 강사

했다. 가까운 도반들이 한 달에 한 번 모여 부처님의 일생을 공부했는데, 날씨가 더우면 더운 대로 추우면 추운 대로 각자 집에서 준비해 온 음식을 나누며 그날만은 서로 잊지 않고 모인 것이 작은 시작이었다.

그 뒤 덕 높으신 스님을 모셔 경전을 공부하고, 그 가르침대로 살고자 노력하고 있다. 그러다 보니 주위에 있는 사람들이 하나 둘 동참해서 함께 정진하는 도반이 되었으니, 이 또한 얼마나 감사한지 모른다. 각자 전생의 연이 있어 귀한 불법을 만났겠으나, 이 공부 모임에서 내가 조그마한 심부름이라도 한다는 사실이 더욱 가슴 벅차다.

일생에서 단 한 사람에게라도 불법을 전할 수 있다면, 분명 부처님께서도 기뻐하시리라 믿는다. 여기에서 좀 더 욕심을 내 이제는 그날 그날 공부한 내용을 정리해서 회보도 만들고 있다. 늘어나는 도반 숫자에 비해 공부 장소가 좁고 여러 불편한 점들이 있으나, 함께 헤쳐 간다는 자체가 즐거움이기도 하다.

몇 년 전, 직접 부처님의 숨결을 느끼고 싶어 찾아간 인도. 비하라 주에 있는 2천5백여 년 전의 부처님 발자취를 보고 또 봐도, 새로운 마음이 생기는 것은 참으로 알 수 없는 일이었다. 여러 성지에서 그분의 따스한 숨결을 느끼려고 무던히도 애썼다. 그런 간절함의 연장이었는지 몇 년 전에는 달라이 라마를 친견하는 행운도 가졌다. 선지식을 가까이서 뵙는 것은 공부에 기름을 붓는 일이라 여긴다. 더욱 정진해야겠다는 마음을 얻었다.

그동안 이사를 여러 번 하면서도 단 한 번도 빠지지 않고 공부 모임을 이어갈 수 있었음도 다행이다. 여러 번의 우여곡절이 있었지만 이를 이겨낼 수 있었던 내 건강에 감사한다. 이는 내 개인의 능력이라기보다 함께 공부하는 도반들의 기도에 힘입었음을 안다. 감사드리고, 앞으로도 내 작은 심부름은 계속될 것이다.

드디어 올 후반경이면 《법화경》 공부가 끝난다. 앞으로 익혀야 할 경전이 몇 가지가 될지 모르지만, 시작하고 또 시작해서 내 힘이 닿는 데까지 해 보려 한다. 나뿐 아니라 여러 불자님들이나 불교를 모르는 분들이 부처님 가까이로 갈 수 있다면 이 일을 계속하고자 한다. 참으로 과분할 만큼 많은 사랑을 받고 살아왔다. 이제 건강이 허락하는 날까지 불법을 알리는 심부름꾼이 되어 작고 아름다운 씨앗으로 남고 싶다.

내 마음의 안식처

– 이령자 | 신흥사불교대학 총동문회 부회장

1986년 짙게 단풍 든 매혹적인 늦가을 어느 날, 버스 정류장에서 우연히 한 학부형을 만났다. 오랜만이었다. 매우 반가워 차를 마시면서 옛 이야기로 꽃을 피웠다. 그때 나는 벽지 근무를 마치고 막 강릉 시내로 전근했을 때다.

대화를 나누던 중, 그 학부형이 "선생님, 다음 주에 산에 갑시다" 하여 흔쾌히 승낙했다. 그렇게 찾아간 곳이 하늘 아래 첫 동네의 천년 고찰 용연사였다. 강릉시 사천면 사기막에 있는 용연사는 소박하고 자그마한 사찰이었다. 그곳에서 주지 스님과 차 한잔의 여유를 마음껏 누리면서 신선한 공기에 푹 빠져 스스로 평온해지는 나 자신을 느꼈다.

후에 알게 되었지만, 그 학부형은 그 사찰의 신도회장이었다. 그것이 인연이 되어 나는 시간 날 때마다 그 곳을 찾아갔고, 쉬는 날 집에 있다 보면 그곳이 그리워 나도 모르게 버스에 올랐다. 대웅전에 앉아 108배에 땀을 흘리면서 마음속에서 우러나오는 환희를 맛보았다. 이것이 나와 부처님의 첫 만남이며 내 마음속의 안식처가 된 불교와 인연을 맺고 불자가 된 계기다.

유년시절에 자연스럽게 엄마 손잡고 찾아가던 서울 도선사는 우리 집안의 재적사찰이다. 도선사에서는 편안하게 마음의 인연을 맺는 데 어려움이 없었다. 6.25전쟁 이후 어렵게 공부하느라 많이 힘들었고, 졸업하고 중학교 교사가 되어서도 학교생활을 하느라 까맣게 잊고 있던 부처님. 그렇게 잊고 있었던 사찰과 나의 인연을 되찾아준 그때 그 학부형이 얼마나 고마운 도반인지, 지금도 감사하게 생각한다.

초발심 행자가 되어 기도로 아침을 시작하고, 참회기도로 하루를 마치는 것이 일상이 되었다. 시간이 흐를수록 경전을 읽고 참배하는 것만으로는 무엇인지 1% 부족한 듯 갈증이 느껴졌고, 성지순례로 많은 곳을 다니면서 신앙

◆ 이령자(법명 무량화)
1938년 출생 | 재적사찰 : 신흥사 | 성균관대학교 행정학과 졸업 | 중 · 고 교사, 장학사, 교감, 교장 역임 | 현재 신흥사 불교대학 동문회 부회장, 너나우리상담연구소 회원

생활에 도움을 얻고자 열망했다. 대웅전에 발을 들여놓고 미소 띤 부처님을 뵙는 순간, 마음이 편안해지며 가슴이 벅차올라 눈물도 많이 흘렸다.

그러던 중, 2002년 조계종 제3교구본사 신흥사에 불교대학이 부설되자 망설임 없이 입학했다. 그동안 겉핥기로만 공부했던 것을 체계적으로 접할 수 있었고, 2년 뒤에 1기생으로 졸업을 맞았다. 지금도 목요 교사불자법회, 수요 경전반에서 마음의 양식을 차곡차곡 쌓아 가고 있다.

중학교 교장을 끝으로 교직에서 정년퇴임한 뒤, 동기 도반들과 함께 철야기도와 봉사활동을 하고 있는 요즘, 내 안에 들어 있는 수많은 집착과 욕망들이 하나하나 떨어져 나가는 것을 느낀다. 마음먹기에 따라 그 사람의 삶이 달라지듯이, 늘 감사하며 머릿속 생각으로만 그치지 않고 행동으로 실천하는 불자로서 아낌없는 삶을 살고자 한다.

무엇을 위해 어떻게 살아야 하는 것이 진정한 나의 삶인지를 스스로 자문자답하면서…….

구원의 길, 팔정도의 삶

– 이민자 | (사)우리는 선우 이사

나, 정진성 이민자는 어떤 사람일까? 남들은 활발하고 당차며 톡톡 튄다고 한다. 멋쟁이라고 부르는 사람도 많다. 불교 믿는 사람들은 좀 어두운 것 같은데 정진성은 밝고 활기차서 좋다는 분들도 있다. 그럴 때마다 과연 내가 그런가 하고 돌아보게 된다. 남들은 내가 오랜 동안 우울증에 시달려 왔다는 것을 알까? 아니 그 우울증이 완전히 극복되기는 한 것일까?

인생 고해! 이 고해를 어떻게 벗어날 것인가?

◆ 이민자(법명 정진성)
1950년 출생 | 재적사찰 : 강남포교원 | 현재 (사)우리는 선우 이사, 〈유마경〉 가정법회 진행, 능인선원 · (사)JTS 강남포교원에서 자원활동

이것이 내가 지니고 있는 근본 화두일 것이다. 사바세계 인연의 쓰리고 아픈 사슬에 속박되어 온통 고통으로 에워싸인 인생여로를 걸어왔다는 생각이 든다. 고통 없는 사람이야 없겠지만 나는 특별히 강한 불행의식으로 한숨지으며 살아온 것 같다. 그러던 내가 불혹의 문턱에서야 불교를 만나 고해 인생을 헤쳐 나갈 항해의 나침반을 얻은 것이다.

사실은 불교에 입문하고 나서도 수없이 헤매고 다녔다. 원불교에서 시작해 정토, 능인선원, 강남포교원에 이르고, 이젠 '우리는 선우'. 그 가운데 강남포교원 성열 스님, 해인사 보광 스님 등 덕 높은 스님들과 재가자로서 보살행을 하고 있는 수많은 선지식을 만났다. 그것이 내 인생의 가장 큰 성공이다.

그분들에게서 얻은 귀한 가르침들이 지금의 나를 있게 했으며, 또 현재 내 삶을 지탱해주는 힘이다. 그러한 분들을 생각할 때마다 한없는 감사의 마음이 솟아난다. 그리고 그러한 분들에 비교하면 나 자신은 한없이 못나 빠지기만 한 것 같아 심통도 난다. 그렇지만 그렇게 못난 나도 잘하는 것이 있다. 내가 존경하는 그분들에게 인정받은 것이니 내 주관적인 생각만은 아니다.

그런 게 두 가지 있다. 하나는 끊임없이 불법을 배우고 실천하려는 향상심이고, 다른 하나는 이 좋은 불법을 함께 나누려는 포교 열의다. 내 눈을 뜨게 해주는 공부 모임이라든가 법회가 있으면 만사를 제치고 달려간다. 또 그렇게 배운 불법을 회향하는 올바른 신행에는 힘껏 참여하고 도우려고 한다. 그리고 그런 일들을 주변의 좋은 사람들과 함께 하고 싶다는 강렬한 염원으로 없는 힘을 다 짜내 공부나 불사에 동참하도록 권유한다. 몇 번의 과분한 수상 경력이나 역시 과분하게 여성 불자 108인에 선정된 것은, 이러한 나의 열정을 또한 너무 높게 평가해주신 결과일 것이다.

요즘 나의 모습을 반성하고 있다. 우선 삶 전체를 통해서 수행해 나가는 팔정도를 외면하고 관념적인 깨달음에만 몰두하는 우리 불교의 잘못된 모습을 비판 없이 따라오고 있었다는 것이다. 부처님 말씀으로 겉 포장된 황금 감옥에 갇혀 또 다른 질곡에 헤매 온 날들이 너무도 길었다는 생각이 든다.

그리고 주변을 돌아볼 때마다 여전히 그런 불교가 판을 치고 있는 것 같아 "그건 아니야!"라고 소리치고 싶을 때가 있다. 나 자신이 그런 관념에 매달린 허위의식에서 나온 열정으로 포교를 하였기에 내게 이끌렸던 분들도 부담을 느꼈을 것이다. 가끔은 나의 열의에 호응하지 않는 분들을 탓하고 원망하기도 했지만, 이제는 겸손하게 내 신행이 익어서 자연스러운 포교가 되기를 기원해야 할 것 같다.

그래도 요만큼 반성까지 하게 된 정진성을 부처님께서는 어여삐 봐주시겠지. 또 가르침을 주신 많은 선지식들도 대견히 여기시겠지? 이렇게 스스로 위로하며, 요즈음 새롭게 눈뜬 '안으로의 수행, 밖으로의 수행, 그리고 안팎으로의 수행'이라는 큰 원리에 따르는 사념처 수행을 통해 나와 사회를 함께 성숙시키는 참수행의 길을 물러섬 없이 걸어가리라 다짐한다.

나를 이끈 내 마음의 공부

- 이영채 | (재)일념장학회 이사장

고희라는 나이를 맞고도 내 마음은 아직도 서른 초반이던 때를 기웃거린다. 아이들을 겨우 깨워 놓고 자유로울 수 있을 정도의 나이가 되었을 때, 불교를 만났다. 그것도 이른바 천하를 호령하던 당대의 선승이신 경봉 노스님을 뵌 것이다. 그 만남은 지금의 내 신행생활의 좌표가 되었다 해도 과언이 아니다.

불교란 채우는 공부가 아니라 비우는 공부라며, 남다른 가르침을 끊임없이 주시던 스님은 세간에 부러울 것이 없는 재력가에게도, 제 아무리 지식이 가득한 인물에게도, 큰 산이며 천하를 고루 비추는 맑은 거울 같은 존재였다. 그런 헤아림이 어려운 선지식을 시봉하는 일만으로도 당시 내 공부는 만물을 얻은 듯 기뻤다.

가족의 일원으로서 아이들을 키우고 남편을 내조하는 일도, 부처님을 따르려는 신행생활도 모든 기반은 나를 낮추고 다른 사람의 처지에서 여법하게 세상을 관하는 일이었다. 신행활동으로 다른 일에 소홀해질 것을 염려한 까닭에, 안에서는 남편을 집안의 부처님으로 섬겼으며, 밖에서는 세상에 고루 나투신 부처님이라며 만나는 인연마다 그렇게 속으로는 외우고 다녔다. 그것은 한결같이 내 공부가 되길 바라는 마음에서였다.

40여 년 넘게 나를 이끈 것은 다름 아닌 '불법'이었다. 내 마음의 공부라고 이름 붙이긴 했으나 한 번도 내 공부를 밖으로 운운해 본 적은 없는 것 같다. 그것은 공부라고 할 만한 수행력을 지닌 것도 아니며, 감히 언어를 빌려 그렇게 나를 드러내고 싶지 않아서였다.

그러나 경봉 큰스님 아래에서 불연을 맺고 그것을 뿌리내린 도반들과의 모임인 '일념회'는 내 신행생활에 큰 획을 그었다 해도 지나침이 없다. 그러기에 재단법인 일념장학회 이사장을 맡으며 지난 시간들을 자평해 보는 기회

◆ 이영채(법명 대원행)
1938년 출생 | 재적사찰 : 안적사 | 부산 신라대학교 사회교육학과 재학 중 | 현재 재단법인 일념장학회 이사장

도 갖게 되었다.

어찌 보면 불보종찰 통도사 총림의 어른스님을 모신 까닭에 통도사와의 인연만을 고집할 법도 하건만, 내 신행 울타리는 남들이 일컫는 것처럼 전국구라고 해도 좋을 듯하다. 법을 논하는 이 땅의 선지식들을 찾아 그 그림자를 좇는 일만으로도 바빴으며, 자녀들이 성장한 뒤에는 자녀들의 손을 잡고 기도와 신행을 게을리하지 않았다.

그 가운데 지금도 원찰로 여기며 초하루 법회를 빠짐없이 참석하는 안적사는 3년 전 원적에 드신 덕명 큰스님과의 인연으로 그 먼 산길을 마다하지 않고 다녔다. 그 외길을 걷듯 재가자로서 수행의 고삐 또한 놓치지 않으려는 내게는 거대 도량이다.

저마다는 자신에게 맞는 도량이 있을 것이며 또 인연이 닿는 도량이 있을 것이다. 그뿐이 아니다. 불교 포교를 자신의 평생 직업으로 삼는 사람도 있을 것이며, 그것이 신행생활의 완성도를 높여 가는 견인차 구실을 하는 사람도 있을 것이다. 수많은 후배들과 불교 안에서 생활하는 젊은 불자들을 향해 내가 늘 입버릇처럼 하는 이야기가 있다.

"자네들이 지금 하고 있는 일이 얼마나 큰일인지 알아? 그 일은 아무나 할 수 있는 일이 아니야. 주어진 것에는 분명, 그에 준하는 인연력이 스며 있기 때문이니, 불교를 위해 소신 있게 생활하고 책임 있는 불자로 성장해주길 바라네."

사람들은 불교가 구속력이 없다고 종종 지적한다. 그러한 까닭에 기독교처럼 신도가 증가하지 않는다는 말도 빠뜨리지 않는다. 그러나 내 생각은 좀 다르다. 구속력이 없다 해도 견실한 자기 기반이 있으면, 스스로 탁마하는 일에서는 드러나는 구속력보다 몇 곱절의 신심을 발휘하기 때문이다. 나는 그런 이유로 불교를 최고의 종교로 꼽는다. 수십억의 인구 가운데 살아생전, 만나고 가는 인연은 얼마나 될까? 그러나 불교를 만날 수 있는 복은 그 많은 인연을 만나는 일보다 더 무량한 복덕을 구족했기 때문이라고 난 감히 말한다.

승속을 불문하고 수혜 혜택을 주는 일념장학회, 올해도 변함없이 1천여 만원의 장학금을 지급한다. 그런 경계를 넘나드는 하나된 불사를 내 이름이 아닌, 불교의 이름으로 한다는 것에 무한한 자부심을 느끼곤 한다.

내 여생을 바쳐도 모자랄 불교인재 육성사업은 내 신행활동에 아주 작은 흔적밖에 되지 않는다. 그러나 난 내생에도 수행의 원대한 꿈을 실현하기 위해 끊임없이 정진을 계속할 것이다. 그것이 대원행이라는 이름에 부끄러움 없는 삶이 될 것임을 알기에……

행복은 불법佛法 속에

– 이혜산 | 아동그룹홈 보현연꽃동산 운영

처음 불교여성개발원에서 여성 불자 108인에 선정되었다는 말을 듣고, 너무 놀랐다. 어떻게 나 같은 사람이…, 부끄러웠다. 이것은 절대 겸손의 말이 아니다. 왜냐하면 돌이켜보면 지금까지 살아온 나의 삶은 그야말로 너무나 부끄러운 것이기 때문이다. 세월에 몸을 맡긴 채 물결 흐르는 대로 살아온 보잘것없는 삶이기 때문이다.

20여 년 전 어느 날, 불법을 만났다. 그러나 그 속에서도 나를 잃어버리고 갈팡질팡 그야말로 이리저리 친구 따라 강남 가는 식으로 불교를 이해하고 살아가고 있었다. 그러다가 조계사에서 기본 교육과 함께 불교대학에 입학하고 나서, 차츰 불교가 무엇인지를 알게 되었다. 그러던 중 친구의 소개로 한 위대한 보살님의 가르침을 받으면서 다시 한 번 내 참모습을 돌아보며 참회했다.

그러던 중에 뜻하지 않은 교통사고로 남동생을 잃고 나서부터 내 생활은 달라지기 시작했다. 한없는 참회의 눈물을 흘리며 인연을 성숙시키지 못하고 현실에 전전긍긍하며 살아온 나를 참회하고 또 참회했다. 조계사 법당에서 한없이 눈물을 쏟으며 기도를 올리고, 처음으로 참회의 3천배를 했다.

그때부터 모든 일이 급속도로 진행되었다. 오래 전부터 마음먹었던, 갈 곳 없는 아이들과 함께 사는 일이 미처 내 생각을 마무리하기도 전에 이루어졌다.

나는 수없이 관세음보살님을 찾았고, 감사의 기도를 드렸다. '아, 나보다 더 나를 사랑하시는 부처님, 저는 부처님이 가르쳐주신 그 길을 몸이 가루가 되고 지구가 끝이 나더라도 가오리다' 하고 다짐했다.

어느 스님과 연이 지어져 그분이 데리고 있던 아이들을 맡았다. 그리고 바로 동생의 죽음으로 남은 돈에다 우리 거사가 힘을 합쳐 안

◆ 이혜산(법명 보현심)
1944년 출생 | 재적사찰 : 조계사 | 포교사단 어린이팀 팀장 역임 | 현재 아동그룹홈 보현연꽃동산 운영

양에 보금자리를 마련했다. 마침 결혼할 의사가 없어 혼자 살던 여동생이 아이들을 맡아 키우기로 하고, 그 곳의 이름을 보현행의 '보현'과 불교의 상징인 '연꽃동산'을 합쳐 '보현연꽃동산'이라고 지었다.

이때부터 어언 5년을 맞은 지금, 2006년 4월부터 우리 아이들과 거사와 내가 아름다운 이 곳(양주시 백석읍)으로 이사해서 지금까지 행복하게 살고 있다. 우리 아이들은 초등 6·5·2학년의 여자아이들로 순박하고 착하다. 우리 집에는 항상 아이들의 해맑은 웃음이 넘친다. 아이들은 아침마다 108배로 하루를 시작한다.

현재 나는 너무 행복하다. 이 세상의 모든 행복은 오직 불법에서만 찾을 수 있음을 확연히 알게 된 지금, 모든 것에 초연해지고 모든 것에 통할 수 있고 모든 것을 이해하고 연민으로 대할 수 있게 해주십사고 매일 기도한다. 이 은혜를 무엇으로 어떻게 갚을 수 있을까. 어떻게 하면 한 사람에게라도 더 이 거룩한 부처님의 가르침을 전할 수 있을까 궁리하는 마음으로 가득하다.

젊어서 부처님을 만난 사람들은 행복한 사람들이다. 부지런히 정진해서 부처님이 우리에게 가르쳐주시려는 것이 진정 어디에 있는가를 확실히 알고 나아가면, 평생 가족들과 잔잔한 행복 속에서 인류를 껴안은 큰마음으로 살아갈 것이다.

행복은 오직 불법 속에서만 찾을 수 있음을 세계 온 인류가 모두 알게 되어, 다 행복해지기를 기원한다.

관세음보살님을 모셔드립니다

- 조정희 | 마곡사 신도회 총무

어린 시절 친정아버지의 손을 잡고 천장암을 오른 것이 부처님을 뵌 첫 인연이었다. 그렇게 시작해서 30여 년간 법당 문턱을 넘나들었다.

남편을 만나 결혼을 하고 평탄한 삶을 살아가던 중, 어느 날 남편이 쓰러져 사경을 헤맸다. 이 병원 저 병원을 전전하며 의사를 붙들고 살려달라고 애걸해 보았으나 모두 고개만 흔들었다. 어떤 병인지 원인도 모른 채 결국 영안실 문 앞까지 가게 되었다.

◆ 조정희(법명 자비심)
1960년 출생 | 재적사찰 : 마곡사 | 염주 10만 개 제작 무료 보시 | 현재 마곡사 신도회 총무

그런데 참으로 경이로운 일이 내 앞에 펼쳐졌다. 사경을 헤매며 아무 의식도 없는 남편의 입에서 중얼거리는 소리가 들렸다. 같이 남편 곁을 지키던 종담 스님께서 《금강경》을 독송하고 있다고 말씀해주셨다. 그 뒤로 남편은 빠르게 회복되어 지금은 나와 아이들의 든든한 울타리가 되고 있다.

그때 내 입에서 자연스럽게 흘러나온 말이 "나무관세음보살!"이었다. 그 뒤로 내게 무슨 일이 있건 없건 그저 '나무관세음보살' 이 머릿속에 각인되어 기도로 자리하고 있다.

생각하면 할수록 부처님이 너무 고맙고 고마웠다. 남편이 출근하고 아이들을 학교에 보내고 나면 절로 달려갔다. 허드렛일도 마다 않고 궂은일도 마다하지 않았다. 멀고 가까운 것도 헤아리지 않고 부처님 일이라면 어디든 달려가 시봉했다. 몸이 천근처럼 무거워 앓아 누웠다가도 절에 일이 있다면 어디서 그런 힘이 나는지, 언제 아팠냐는 듯 달려가 동참하는 것이 생활이 되었다.

그렇게 절을 들락거리던 어느 날, 법당에 참배를 하다 보니 시골 노보살님들께서 콩을 그릇에 담아 놓고 절을 한 번 할 때마다 콩을 한 개씩 옮기고 있었다. 그래서 보살님께 그 이유를 물었더니 염주가 없어서라고 하셨다. 이 말을 듣고 발원을 세워 내 손으로 염주를 만들어 보시하기로 했다. 그렇게 보시한 염주가 어느덧 수만 개를 넘었다.

지금 돌이켜보면 그건 내 힘으로 만든 것이 아니라 부처님의 가피에 의지했기에 가능했다고 생각한다. 염주를 만들어 노보살님들 손에 쥐어드리며 '관세음보살님을 모셔드립니다' 하고 마음속에 새기다 보니, 어느새 그 많은 염주를 만들어 보시하게 된 것이다.

《금강경》 사구게에 '약이색견아커나 이음성구아하면 시인행사도라 불능견여래니라' 라는 말씀이 있다. 이 말씀처럼 형상도 들림도 생각지 않고 오직 관세음보살님을 염주에 모신다는 일념으로 염주를 만들어 보살님들 손에 쥐어드리며 발원을 회향했다. 부처님의 위신력이 아니면 할 수 없는 발원을 회향하고 보니, 이보다 더 좋을 수 없었다. 내가 부처님을 사랑하는 방법이랄까?

주변에서 기복에만 매달려 "우리 식솔 잘되게 해주세요!" 하고 기도하는 것을 볼 때면 마음이 무거워진다. '부처님의 가르침에 충실하고, 그저 그때그때 내게 주어지는 일을 잘 하고, 세상 모든 이가 행복해지이다!' 하면 더없이 행복할 텐데……. 꼭 내 가족만 행복해야 된다는 집착을 가지고 부처님께 떼 쓰는 것 같은 이들을 보면 참 안타깝다.

어제도 오늘도 마곡사를 감싸 도는 태극천은 여여히 흐르는데…….

나무 관세음보살 마하살.

보살의 길

― 최혜경 | 불광사 불광법회 부회장

불심 깊은 어머니가 계셨지만 나는 불교를 그리 일찍 만나지는 못했다. 그 인연은 서른이 넘어 전업주부로서 안정된 생활을 할 때쯤 찾아왔다. 왜 사람들의 삶의 모습이 각각일까, 삶과 죽음을 이끄는 실체가 있는 것일까 등, 무언가 있을 것 같은 것들에 강한 의문이 일어났다. 그것이 오늘을 있게 한 시작이었다.

여러 가지 불교 서적을 접하던 중, "'일체중생 실유불성', 온 누리를 찬란한 광명으로 밝힐 불성은 누구에게나 있고, 본질에서는 부처님과 우리들이 조금도 차이가 없다. 다른 것이 있다면 무명으로 말미암아 부처의 성품을 보지 못하는 것이 중생"이라는 《법화경》 해설집을 읽으면서 뿌리 깊은 불연이 다가왔다. 그리고 불광법회에 참석해서 체계적인 교육을 받고 법회에도 나가면서 불자로 거듭나는 삶이 시작되었다.

우리 모두는 동일한 생명으로 한 사람 한 사람 부처님 무량공덕 생명의 완성자다. 믿고 실천 수행해서 진실 생명을 드러내 이웃에게 법을 전하는 게 불자로서 최상의 보살의 삶이라는 큰스님의 가르침을 통해, 긴 세월 부처님 울타리 안에서 기뻐하며 사는 행운을 얻었다. 다시 한 번 불법 만남에, 정법 만남에, 선지식 만남에 감사드린다. 개개인이 작은 일이라도 선행은 쌓아 가되 티끌만이라도 악한 일은 멀리해서 피지 못하는 탐·진·치 마음의 꽃을, 계·정·혜 보살의 꽃으로 활짝 피울 때 불국정토의 염원은 이루어질 것이다.

각자의 자리에서 이웃을 돌아보자. 나를 필요로 하고 내가 해야 할 일이 분명히 있다. 나는 작게나마 자리이타행을 실천하고자 포교사의 영광된 자리에 서 있다. 특히 국군 장병들과의 만남은 늘 나를 흔들어 깨우는 신선한 바람이다. 캄캄한 새벽, 법당을 향하는 발걸음은 나의 구도의 길이며, 육바라밀을 실천하는 보

◆ **최혜경(법명 대자운)**
1950년 출생 | 재적사찰 : 불광사 | 숙명여자대학교 식품영양학과 졸업 | 정법신행회 창립회원 | 현재 불광법회 부회장, 대한불교조계종 포교사

살의 장이다.

　그들과의 만남을 통해 나를 찾고 새롭게 발심하며, 언제나 기쁨과 감사로 가슴이 벅차 온다. 그들에게 합장 예배한다. "지금 여기가 내가 하는 일에 집중하고 깨어 있는 소중한 시간입니다. 그대들은 훌륭한 나의 스승이십니다."

　새삼 다짐한다. 불교를 믿고 법을 밝히며 수행을 통해 일상의 고통을 없애고, 즐겁고 행복한 삶을 살며 궁극적으로는 깨달음을 성취하겠다고, 그리고 이고득락離苦得樂해서 성불의 길로 나아가겠다고……. 마지막으로 부처님 전에 발원 드린다.

　"최선을 다해 인연 닿는 곳 어디든, 전법의 길을 묵묵히 가겠습니다. 설사 어렵고 장애가 있다 하더라도 당신께서 일러주신 '법등명 자등명'의 가르침을 등불 삼아 부지런히 정진 또 정진하겠습니다. 마하반야바라밀."

우리 진정 행복하게 살아가자.
증오 속에서도 증오없이
미워해야 할 사람 속에서도 미움을 버리고
우리 자유롭게 살아가자.
         -법구경

108인을 선정하고

그동안 불교여성개발원에서는 수많은 여성 불자 가운데 신행이 뛰어나고 사회적 봉사와 덕망이 높은 분들을 중심으로 두 차례에 걸쳐 108인의 불자를 선정한 바 있다.

불교에서는 108번뇌를 말하고 또한 108배도 말한다. 그렇다면 108배는 무엇이고 108번뇌는 무엇인가. 108배는 바로 108번뇌의 소멸과 관련되어 있음은 누구나 쉽게 짐작할 수 있을 것 이다. 그러나 우리는 108이라는 숫자가 108번뇌를 뜻한다는 것은 쉽게 알면서도, 어떻게 해서 중생의 번뇌를 108이라는 숫자로 분류하였는지를 분명히 아는 사람은 드물다.

108번뇌는 우리 중생의 근본번뇌다. 이 108번뇌는 육근六根과 육경六境이 서로 만날 때 생겨나는 것이다. 즉 눈眼·귀耳·코鼻·혀舌·몸身·뜻意의 육근이 색깔色·소리聲·향기香·맛味·감촉觸·법法 등 육진경계六塵境界를 상대할 때 먼저 ① 좋다好·② 싫다惡·③ 좋지도 싫지도 않다平等는 세 가지 인식작용을 일으키게 된다. 그리고 다시 ④ 좋은 것은 즐겁게 받아들이고樂受, ⑤ 나쁜 것은 괴롭게 받아들이며苦受, ⑥ 좋지도 싫지도 않은 것에 대하여는 즐겁지도 괴롭지도 않게 방치하는捨受 것이다. 곧 육근과 육진의 하나하나가 부딪칠 때마다 좋고好·싫고惡·평등하고平等·괴롭고苦·즐겁고樂·버리는捨 등 여섯 가지 감각이 나타나기 때문에(6×3+6×3=36), 서른여섯 가지의 번뇌가 생겨나게 된다. 이 서른여섯 가지 번뇌는 ① 과거에도 있었고 ② 현재에도 있으며 ③ 미래에도 있을 것이기 때문에, 서른여섯 가지의 번뇌에 과거·현재·미래의 3을 곱하여(36×3=108) 108번뇌가 되는 것이다.

이와 같은 108번뇌가 또다시 무수히 생멸하면서 팔만사천 번뇌를 이루게 되고, 그로 말미암아 우리 중생은 시달리고 고통 받는 삶을 살아가는 것이다. 이와 같은 번뇌를 소멸시키기 위하여 우리는 108배를 하는 것이지만 108배는 번뇌를 끊는 의식이 아니라 참회와 더불어 깊은 삼매三昧 속으로 우리를 인도하는 방편이다. 우리가 매일매일 108배의 정진을 통하여 삼매 속으로 몰입할 때 우리의 모든 번뇌는 차츰차츰 사라지게 된다.

이와 같은 108의 뜻을 살리기 위하여 불교여성개발원에서는 수많은 여성 불자 중 덕망이 높은 108인을 선정하게 되었다. 이와 같이 뜻 있는 108인을 선정하는 과정에서 심사를 맡은 한 사람으로서 나 자신 부족함이 많았지만, 50여 년 간 교육자로서 또한 자수 작가로서 석가모니 부처님의 일생을 자수로 수놓으면서 나 자신의 108번뇌를 소멸시키는 마음가짐을 수없이 갖게 되었다. 어린 시절 불교의 진리도 모르면서 어머니 손을 잡고 절에 다닌 것이 인연이 되어 오늘날까지 평생 불교인으로 살아오고 있다.

지금 이와 같은 큰 뜻을 가지고 108인이 되신 여러분에게 다시 한 번 축하드리면서 우리 모두 다 함께 불국정토에 이르러 부처님의 지혜를 이룰 수 있도록 끊임없이 정진하고 아름다운 삶과 행복한 삶을 위하여 모든 중생을 교화하는 데 최선을 다하여야 할 것이다.

(사) 한국예절문화원 원장

남상민

마음이 그들에 앞서가고
마음이 그들의 주인이며
마음에 의해서 모든 행위는 지어진다.
만일 어떤 사람이 깨끗한 마음으로 말하고 행동하면
그에게는 반드시 행복이 뒤따른다,
마치 그림자가 물체를 떠나지 않듯이.
　　　　　　　－법구경

108인 명단

【교육】 교직

김남선　　참교육상담소 소장, 구암중 교사, 본원 감사
임완숙　　전국교사불자연합회 명예회장, 본원 자문위원

【교육】 대학

한재숙　　위덕대학교 총장

【교육】 대학–가정

김외숙　　한국방송통신대학교 가정학과 교수, (사)지혜로운여성 이사
박혜인　　계명대학교 가정복지학과 교수
조희금　　대구대학교 가정복지학과 교수, 본원 이사

【교육】 대학–법학

김영선　　인천대학교 명예교수

【교육】 대학–보건의료

김 진　　연세대학교 치과대학 교수
김주현　　강원대학교 간호학과 교수, 선재마을의료회 회장
이명순　　성균관대학교 의과대학 부교수

【교육】 대학-복지

이정호　한국표현예술심리치료협회 부회장, (사)지혜로운여성 이사

【교육】 대학-예술

손재현　동국대학교 체육교육과 교수
이선옥　전 포천 중문의과대학교 보건복지대학원 선무 무용치료전공 주임교수
이인자　경기대학교 명예교수, 본원 고문
임지형　조선대학교 무용과 교수

【교육】 대학-인문

김복순　동국대학교 경주캠퍼스 국사학과 교수
김애주　동국대학교 영문학과 교수, 본원 이사
김영미　이화여자대학교 사학과 교수
이규미　아주대학교 교수, 불교상담개발원 자문위원
이혜은　동국대학교 지리교육과 교수
정영희　University of Massachusetts at Amherst 초빙교수
조은수　서울대학교 철학과 교수
최성은　덕성여자대학교 미술사학과 교수
황옥자　동국대학교 경주캠퍼스 불교아동학과 교수

【교육】 대학-호텔경영

백추자　호남대학교 호텔경영학과 초빙교수

【교육】 불교문화

김선정　몽골 간단사 불교미술대학 교수

【학자】

권영경　통일연구원 교수
오선주　전 청주대학교 법과대학 교수

【단체 실무】

김자경　　　'맑고 향기롭게' 기획실장
임선학　　　동산반야회 사무처장
정안숙　　　평화재단 사무총장

【단체 임원】

곽명희　　　조계종 포교사단 부단장
권경희　　　불교상담개발원 사무총장
권대자　　　대구 경북 포교사단 명예단장
왕선자　　　부산여성불자회 회장
이숙자　　　한국유니세프 부산지회장
홍경희　　　전 대불련 총동문회 조직위원장, 가야금 연주자
홍말연　　　부산여성불자회 부회장

【문화예술】

강형진　　　니르바나 실내악단 단장, 선화예고 강사
김경녀　　　소프라노 가수, 대구경북불교음악인협회 이사
김영임　　　국악인
백현순　　　한국체육대학교 교수, 생활한국춤연구소 소장
신동춘　　　한양대학교 명예교수, 시인
심재영　　　서예가, 중앙승가대 비구니 학사 건립 화주
이나경　　　우리옷 아라가야 대표
이명미　　　우바이무용단 안무가
정승희　　　한국예술종합학교 교수
진우기　　　불교 전문 번역가
한숙희　　　전 온터 두레회 회장, 동국대학교 사회교육원 서예교수

【문화예술】 스포츠

이은경　　전 양궁 국가대표, KOCC 이사

【방송】 언론

유혜선　　KBS 아나운서, 생명나눔실천본부 이사
이현정　　불교방송 아나운서
최현태　　대구불교방송 진행자, 전 울산MBC 아나운서

【방송】 연예

고두심　　연기자
나문희　　연기자
여운계　　연기자
임부희　　가　수
한혜숙　　연기자

【방송】 작가

노희경　　방송작가
이윤수　　KBS 작가

【보건 의료】

김주효　　전 전국병원불자연합회 회장
오현숙　　순천향대학교 구미병원 진료의뢰센터 팀장
이영숙　　한국전력의료법인 한일병원 의무기록실 과장
홍재숙　　전 청평지구병원 간호장교
황보선　　부산불자간호사회장, 전 부산대 간호학과 교수

【복지】

김수현　　부산 선양복지원 이사장
김영숙　　국립재활원 법우회장

| 이병순 | 경기대학교 사회교육원 주임교수 |
| 이혜숙 | 동국대학교 겸임교수, (사)불교아카데미 원장 |

【사회운동】

| 김용숙 | 〈아줌마는 나라의 기둥〉 대표 |
| 이연주 | 한국여성유권자연맹 회장 |

【언론 출판】

임도경	〈월간 중앙〉 편집위원, 인터뷰 전문기자
최정희	전 〈현대불교신문〉 편집국장
황영채	도서출판 〈행복한 숲〉 대표

【자원봉사】

김상문	청주불교신행회 회장
김영자	불교상담개발원 자비의 전화 상담원
박명자	조계사 신행상담실 자문위원
이문희	성북구 자원봉사센터 송이봉사단 회장

【정치 · 경제 · 행정】

고순자	경기도청 보육정책과장, 경기도 공무원불자회 회장
김영주	17대 국회의원(열린우리당)
서분례	서일농원 운영, 자비실천회 창립
신 명	일과여가문화연구원 이사장, 전 한국노동교육원 사무총장
신현옥	여성가족부장관 정책보좌관
심계진	천마 콘크리트 · 레미콘 대표, 의정부 석림사 신도회장
윤원호	17대 국회의원(열린우리당)

【포교 신행】

| 김민희 | 울산불교대학 총동문회 회장 |

김상인	봉은사 연화(노인)대학 학생회장
박명혜	법륜사 신도회장, 전 승가사 신도회장
양혜순	과천 신도회 회장, 〈과천 21〉 편집국장
유효순	약사보리회 총무, 약사
윤미혜	전 동부혈액원장
이 란	14년 간 가정법회 진행
이령자	신흥사 불교대학 총동문회 부회장
이민자	(사)우리는 선우 이사
이영채	일념장학회 이사장, 30년 간 불교 인재육성 장학사업
이혜산	보현연꽃동산 설립, 포교사
조길순	정토사 신도회 부회장
조정희	마곡사 신도회 총무
천양자	안국선원 신도회장
최혜경	불광사 불광법회 부회장

1판 1쇄 인쇄 | 2007년 9월 17일
1판 2쇄 펴냄 | 2007년 11월 10일

엮 은 이 | 불교여성개발원
펴 낸 이 | 이혜총
펴 낸 곳 | 조계종출판사
출판등록 | 2007년 5월 1일(제300-2007-78호)

편집부장 | 최승천
편   집 | 양수정 · 박은정
디 자 인 | 최현규 · 라태령 · 문효진
마 케 팅 | 김미경 · 정수경
경영관리 | 박경화

주   소 | 서울시 종로구 수송동 5번지 동일빌딩 8층
전   화 | 02 · 733 · 6390
팩   스 | 02 · 720 · 6019
E-mail | inyeon@buddhism.or.kr

인   쇄 | 한영문화사

ISBN 978-89-86821-64-2, 03220

값 10,000원

※ 잘못된 도서는 교환해 드립니다.